DATA LAW 1.0

数据要素市场的法治化：

原理与实践

周辉　张心宇　孙牧原　著

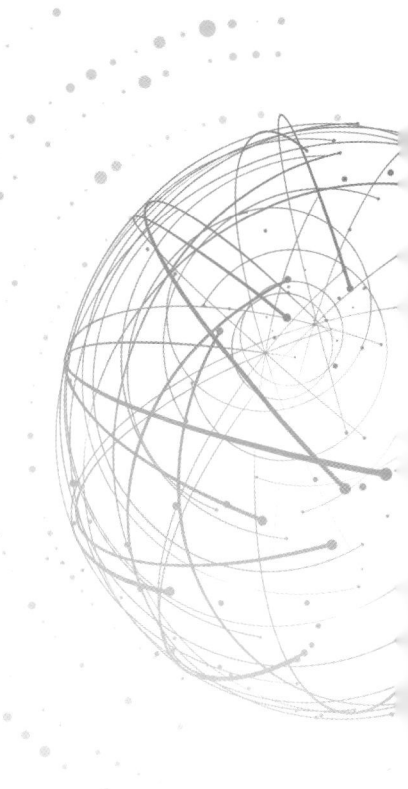

中国社会科学出版社

图书在版编目（CIP）数据

数据要素市场的法治化：原理与实践／周辉等著 .—北京：中国社会科学出版社，2022.10（2023.3 重印）

ISBN 978-7-5227-0955-0

Ⅰ.①数… Ⅱ.①周… Ⅲ.①数据管理—科学技术管理法规—研究—中国 Ⅳ.①D922.174

中国版本图书馆 CIP 数据核字（2022）第 195399 号

出 版 人	赵剑英
责任编辑	许 琳 高 婷
责任校对	姜雅雯
责任印制	张雪娇

出　　版	中国社会科学出版社
社　　址	北京鼓楼西大街甲 158 号
邮　　编	100720
网　　址	http://www.csspw.cn
发 行 部	010-84083685
门 市 部	010-84029450
经　　销	新华书店及其他书店
印　　刷	北京明恒达印务有限公司
装　　订	廊坊市广阳区广增装订厂
版　　次	2022 年 10 月第 1 版
印　　次	2023 年 3 月第 2 次印刷
开　　本	710×1000　1/16
印　　张	14.5
插　　页	2
字　　数	218 千字
定　　价	88.00 元

凡购买中国社会科学出版社图书，如有质量问题请与本社营销中心联系调换
电话：010-84083683
版权所有　侵权必究

序

在互联网经济时代,数据是新的生产要素,是基础性资源和战略性资源,也是重要生产力。① 2019年10月,党的十九届四中全会正式将数据列为新的生产要素。在以全要素数字化转型为重要推动力的数字经济时代,数据的意义与作用远超以往任何一个时代的任何一种传统资源。数据要素的时代价值正在受到前所未有的关注。

2020年4月,中共中央、国务院印发《关于构建更加完善的要素市场化配置体制机制的意见》,明确提出改革和加快数据要素市场化培育的重大部署。之后,党中央、国务院在重大政策文件中,多次部署加快培育数据要素市场的有关任务,明确提出要实现数据要素市场化改革,从而更好地释放数据的经济价值,激发创新活力,推动发展成果共享。2021年《数据安全法》和《个人信息保护法》陆续出台实施,进一步确立了数据要素市场化的基本法律制度。

习近平总书记强调,数据基础制度建设事关国家发展和安全大

---

① 《习近平带政治局集体学习 领导干部要学懂用好大数据》,2017年12月,央视网,http://news.cctv.com/2017/12/10/ARTI3HNR1LMiMiNZKmr1NMD1171210.shtml,2022年10月26日。

局,要维护国家数据安全,保护个人信息和商业秘密,促进数据高效流通使用、赋能实体经济,统筹推进数据产权、流通交易、收益分配、安全治理,加快构建数据基础制度体系。① 党的二十大报告也明确提出加强建设网络强国、数字中国,强化数据安全保障体系建设,加强个人信息保护。数据要素市场的法治化必将成为中国式现代化推进和拓展过程中的重要内容。

当前,数据要素市场化改革正在加速推进,但由于数据要素具有与传统生产要素迥异的特征,数据要素市场化发展的过程中仍有不少问题需要破解。如何根据时代需要,探索科学、可行的法律治理方案,助力更好释放数据要素价值、抢占全球数字经济竞争制高点,是法学界特别是网络与信息法学研究者的重要使命。

基于以上认识,我们立足中国语境和中国关切,兼以全球视野,从理解数据要素的时代价值出发,研判当前数据要素市场化现状与法治化的不同模式,理论推演数据要素市场构建过程中在数据产权、数据开放、数据交易、数据垄断、数据定价、数据安全等方面的法治需求,结合相关典型案例,针对中国现有法治实践,提出路径的优化与完善体系性建议。

数据要素市场的法治化不是一个单纯的法学课题,而是一个跨学科的前沿问题。就像我曾在多个场合强调,数据确权的统一方案如能设计出来,应该可以去拿诺贝尔经济学奖。法学家要承担这一使命,可能首先要成为杰出的经济学家。因此,我在构思本书的框架之初,就决定突破法学单一视角的理论关切和概念体系,致力于汲取和打通法学、经济学、管理学围绕这一话题的脉络。如同市场的归市场,各个学科也应发挥所长、规避所短。作为一个前沿问题,必然要不断耕

---

① 习近平:《加快构建数据基础制度 加强和改进行政区划工作》,《人民日报》2022 年 6 月 23 日第 1 版。

耘。我们选择了组建研究团队，持续跟踪、攻坚这一主题。这或许也是经济学、管理学和数据科学不同于传统法学的工作方法。

在讨论封面设计时，不经意间发现，我们研究团队已经完成了网络与信息法治三个重要主题——平台、数据、人工智能法治的初步探索。除了本书，我们在2020年、2021年先后出版了《人工智能治理：场景、原则与规则》《互联网平台治理研究》。在得到中国社会科学出版社许琳老师的支持后，我决定进一步尝试推出"网络与信息法治三部曲：平台法治、数据法治、智能法治"的系列丛书。本书是网络与信息法治三部曲中的"数据法治1.0"，其他两部曲"平台法治1.0""智能法治1.0"在前述成果的基础上也即将问世。这也是为什么封面上增加了"DATA LAW"的标志。但需要强调的是，正如本书的跨学科定位一样，本系列的"法治"也将不限于法学的概念和体系。毕竟，网络与信息法治，本身就要适应信息技术一代代更新，在开放和发展中不断开拓属于自己的疆域。

本书坚持理论取向，努力总结法学、经济学、管理学关于数据要素市场的最新成果，努力展示数据要素市场法治路径研究全貌；注重实践面向，梳理总结了国内外数据要素市场的实践经验和典型案例；突出问题导向，努力提炼数据要素市场法治化过程中的痛点与难点，以求切实为解决真问题提供管用的方案。我们期待，本书既可以成为数字经济和网络与信息法学领域研究者的理论参考，也可以为数字经济管理者和网络信息法治实务工作者提供决策支撑，还可以成为高等院校学生了解和学习相关领域知识的教材读本；更期待围绕本书发掘的问题、提出的建议，能够与理论界和实务界进行更深入的对话、争鸣。

本书从创意到完稿不足半年，能够相对顺利地完成，首先要感谢中国社会科学出版社许琳老师和姜雅雯编辑全程的大力支持和辛勤付出，也要感谢团队的张心宇博士、我的研究生孙牧原的通力协作，更要感谢我的单位中国社会科学院法学研究所提供的良好的科研氛围和条件。此外，还要感谢中国社会科学院大学李文杰、金僖艾、王睿、刘致远、曹赢赢、舒娅、梁育等同学协助收集整理文献资料。

因时间仓促、问题复杂、水平有限，不足之处在所难免。我们将尽快规划"数据法治2.0"（DATA LAW 2.0），及时听取各位读者的批评、指教！

2022年10月28日

目　　录

第一章　数据作为新型生产要素的时代价值 (1)
　　第一节　经济价值：新时代经济深化发展的核心引擎 (3)
　　第二节　社会价值：国家治理能力现代化的重要抓手 (9)
　　第三节　战略价值：塑造国家竞争新优势的关键资源 (14)

第二章　数据要素市场化现状与法治化模式 (19)
　　第一节　数据要素发展现状 (21)
　　第二节　发展中的机遇与挑战 (27)
　　第三节　数据要素法治化的模式 (33)

第三章　数据要素市场化的法治需求与理论分析 (43)
　　第一节　数据产权 (45)
　　第二节　数据开放 (52)
　　第三节　数据交易 (58)
　　第四节　数据垄断 (63)
　　第五节　数据定价 (68)
　　第六节　数据安全 (72)

第四章　数据要素市场法治化建设的中国实践 ……………（79）
- 第一节　加强权益保护 ……………………………………（81）
- 第二节　促进合法利用 ……………………………………（87）
- 第三节　确保处理合规 ……………………………………（90）
- 第四节　保障跨境安全 ……………………………………（94）
- 第五节　强化执法监管 ……………………………………（97）

第五章　数据要素市场典型法律案例 ……………………（101）
- 第一节　数据交易 …………………………………………（103）
- 第二节　数据竞争 …………………………………………（112）
- 第三节　数据跨境 …………………………………………（119）
- 第四节　数据安全 …………………………………………（129）

第六章　数据要素市场法治路径的优化与完善 ……………（137）
- 第一节　产权不必确权 ……………………………………（139）
- 第二节　平衡发展安全 ……………………………………（141）
- 第三节　划清权力边界 ……………………………………（143）
- 第四节　突出平台重点 ……………………………………（146）
- 第五节　开放中谋发展 ……………………………………（149）
- 第六节　技术赋能治理 ……………………………………（151）

附　录 …………………………………………………………（155）
- 一　法律、政策文件 ………………………………………（157）
- 二　行政法规、部门规章、部门规范性文件 ……………（206）

三　地方法规……………………………………………（209）
四　域外代表性法律……………………………………（212）
五　美国国会关于《欧盟—美国数据隐私框架》的
　　评估报告……………………………………………（216）

第 一 章

数据作为新型生产要素的时代价值

第一章　数据作为新型生产要素的时代价值

在现代的数字社会中，数据作为新型的生产要素，因其独特的价值，成为推动社会发展的关键力量。习近平总书记高度重视数据在数字时代的重要作用，指出要"维护国家数据安全，保护个人信息和商业秘密，促进数据高效流通使用、赋能实体经济，统筹推进数据产权、流通交易、收益分配、安全治理，加快构建数据基础制度体系"①。在以全要素数字化转型为重要推动力的数字经济时代，数据在经济活动中的作用变得越来越重要。它不仅能够帮助人们更好地组织和规划生产经营，更能有效地进行判断和预测。而且，对比土地、资本等传统的生产要素而言，"数据"作为一种新的生产要素，可被多个主体反复适用，其价值却不会随着使用次数的增加而减少，存储和传输成本较低、整体流动性较强，边际产出远高于边际成本，基于数据非排他性、可复用性、强流动性等特点，通过数据边际效益递增能够为社会创造出巨大的财富。数字经济的快速发展亦符合当代信息化社会高速、便捷的特征。数据要素的时代价值正在受到全面的关注与重视。②

第一节　经济价值：新时代经济深化发展的核心引擎

在全球经济停滞与新冠肺炎疫情流行的双重压力下，数字经济为全球经济发展增添新动能。数字经济已进入深化应用、规范发

---

① 习近平：《加快构建数据基础制度 加强和改进行政区划工作》，《人民日报》2022年6月23日第1版。
② Gregory R. W., Henfridsson O., Kaganer E. & Kyriakou H., Data Network Effects: Key Conditions, Shared Data, and the Data Value Duality, *Academy of Management Review*, 47 (1), 2022, pp. 189-192.

展、普惠共享的新阶段，数据资源是数据经济的关键要素。"数据对提高生产效率的乘数作用不断凸显，成为最具时代特征的生产要素"，"是数字经济深化发展的核心引擎"。① 习近平总书记指出："要构建以数据为关键要素的数字经济。"② 数字经济是基于对数据的收集、筛选、整合、分析并加以利用，使其能够服务于经济社会的运行，在提升经济发展的质量的同时有效节省资源成本。数字经济的发展离不开数据的有效利用。

进入新时代，中国不再是追赶型经济体，而是即将领先的经济体。③ 中国经济正转向高质量发展阶段。传统发展方式已经难以为继，需要实现结构性调整，实现动能转换，发育新动能，实现新发展。数据是数字经济时代的核心资源，是数字经济的关键要素，是创新发展的重要资产。数字经济的健康快速发展，离不开巨量可利用的政务数据和社会数据资源的不断生产、集中、共享和融合，也离不开相关数据收集、利用、交易、保护规则的建立健全。数据正在成为各种产品和服务生产的必要前提。④ 数据不仅能够帮助人们更好地组织和规划生产经营，更能有效地进行判断和预测，指导经济发展的未来方向。数据是指引数字经济发展的基础要素，"得数据者得天下"。⑤ 对数据这一新型生产要素的利用效率，客观上决定了数字经济发展的规模与质量。

在人类发展的各个历史时期，社会生产经营活动所需要的各种

---

① 《"十四五"数字经济发展规划》。
② 习近平：《审时度势精心谋划超前布局力争主动 实施国家大数据战略加快建设数字中国》，《人民日报》2017年12月10日第1版。
③ ［俄］谢尔盖·Y. 格拉济耶夫：《构建欧亚大陆经济新秩序的中国路径》，《国际社会科学杂志》（中文版）2022年第1期。
④ Graef, Inge. EU Competition Law, Data Protection and Online Platforms：Data as Essential Facility：Data as Essential Facility, *Kluwer Law International BV*, 2016, p. 3.
⑤ ［美］伊恩·艾瑞斯：《大数据：思维与决策》，宫相真译，人民邮电出版社2014年版，第63页。

社会资源类型也在不断发生变化，展现出人类发展的时代脉络。"关键生产要素的变迁是推动经济增长的原生变量，具有生产成本的下降性、供给能力的无限性和运用前景的广泛性三个方面的基本特征。"① 在农业社会中，生产的投入主要是土地和劳动力，需要劳动者通过在土地耕作或采取自然资源，结合自然条件，付出相应劳动力，以农作物、水、煤等为相应劳动成果。"在以家庭为生产单位的小农生产模式中，人口、土地等生产要素的规模和结构决定了家族财富的多与少。"② 伴随着炼铜、冶铁、炼钢的技术发明水平不断提高、生产工具的不断革新，生产力水平得到了提高，农作物、农副产品与水、煤等自然资源实用价值在消退，交换价值开始不断涌现，土地成为了财富积累与经济活动的起点。此时生产要素的类型，亦与当时农耕文明的起源与发展息息相关。

在工业社会，资本成为了人类发展的经济手段和重要生产要素，并决定着市场经济下的分配形式。③ 企业可以通过货币在市场上购买到工人自由出卖的劳动力商品，并拥有了对劳动力的支配权，劳动力成为商品资本所具有的购买力。④ 马克思在《资本论》中深刻指出，"资本不是一种物，而是一种以物为中介的人和人之间的社会关系"。资本作为生产要素的主要作用是通过劳动力和资本工具（各类机械等）生产更多的剩余价值，去除必要支出后用于扩大再生产，从而达到整个社会财富的增加和积累。习近平总书记在中共中央政治局第三十八次集体学习时指出，资本是社会主义市场经济

---

① ［美］克里斯·弗里曼、弗朗西斯科·卢桑：《光阴似箭：从工业革命到信息革命》，沈宏亮主译，中国人民大学出版社 2007 版，第 216 页。
② 白龙、翟绍果：《"天下大同"与"天下共富"：共同富裕的历史逻辑与实践路径》，《西北大学学报》（哲学社会科学版）2022 年第 2 期。
③ 林光彬：《资本是社会主义市场经济的重要生产要素》，《光明日报》2022 年 5 月 10 日第 11 版。
④ 王庆丰：《〈资本论〉中的生命政治》，《哲学研究》2018 年第 8 期。

的重要生产要素。①必须深化对新的时代条件下我国各类资本及其作用的认识，规范和引导资本健康发展，发挥其作为重要生产要素的积极作用。

进入数字化社会，随着移动互联网、云计算、人工智能等信息技术在公私领域的广泛应用，数据成为关键生产要素，不仅成为数字经济发展支柱，也成为传统产业实现数字化的基本要素，激活传统生产力。各国对数据要素价值的重视程度不断提升。②近年来，在全球范围内，多个国家推动制定数据战略计划，如美国《联邦数据战略》、欧盟《欧洲数据战略》、英国《国家数据战略》、日本《综合数据战略》等，都强调提升本国在数字时代的经济竞争力，以数据驱动经济发展用以应对经济衰退压力。我国高度重视数据要素对经济发展的价值，2015年党的十八届五中全会将大数据上升为国家战略，党的十九届四中全会首次将数据作为独立的生产要素提出，要求"健全劳动、资本、土地、知识、技术、管理、数据等生产要素由市场评价贡献、按贡献决定报酬的机制"。③ 2020年4月，中共中央、国务院印发《关于构建更加完善的要素市场化配置体制机制的意见》，明确提出要加快培育数据要素市场，并重点强调数据要素市场的培育，其一，应推进政府数据开放共享，优化经济治理基础数据库，加快推动各地区各部门间数据共享交换，制定出台新一批数据共享责任清单；其二，要提升社会数据资源价值，培育数字经济新产业、新业态和新模式，支持构建农业、工业、交通、

---

① 习近平：《依法规范和引导我国资本健康发展 发挥资本作为重要生产要素的积极作用》，《人民日报》2022年5月1日第2版。

② 参见张勇进、王璟璇《主要发达国家大数据政策比较研究》，《中国行政管理》2014年第12期。

③ 《中共中央关于坚持和完善中国特色社会主义制度 推进国家治理体系和治理能力现代化若干重大问题的决定》，《人民日报》2019年11月6日第6版。

教育、安防、城市管理、公共资源交易等领域规范化数据开发利用的场景；其三，加强数据资源整合和安全保护，探索建立统一规范的数据管理制度，提高数据质量和规范性，丰富数据产品，推动完善适用于大数据环境下的数据分类分级安全保护制度，加强对政务数据、企业商业秘密和个人数据的保护。2020年5月，中共中央、国务院印发的《关于新时代加快完善社会主义市场经济体制的意见》进一步提出，"建立数据资源清单管理机制，完善数据权属界定、开放共享、交易流通等标准和措施，发挥社会数据资源价值"。2021年10月18日，中共中央政治局就推动我国数字经济健康发展进行第三十四次集体学习。习近平总书记在主持学习时强调："近年来，互联网、大数据、云计算、人工智能、区块链等技术加速创新，日益融入经济社会发展各领域全过程，数字经济发展速度之快、辐射范围之广、影响程度之深前所未有，正在成为重组全球要素资源、重塑全球经济结构、改变全球竞争格局的关键力量。要站在统筹中华民族伟大复兴战略全局和世界百年未有之大变局的高度，统筹国内国际两个大局、发展安全两件大事，充分发挥海量数据和丰富应用场景优势，促进数字技术与实体经济深度融合，赋能传统产业转型升级，催生新产业新业态新模式，不断做强做优做大我国数字经济。"[①] 2022年6月，习近平总书记在主持中央全面深化改革委员会第二十六次会议时强调："数据基础制度建设事关国家发展和安全大局，要维护国家数据安全，保护个人信息和商业秘密，促进数据高效流通使用、赋能实体经济，统筹推进数据产权、流通交易、收益分配、安全治理，加快构建数据基础制度体系。"[②]

---

① 习近平：《把握数字经济发展趋势和规律 推动我国数字经济健康发展》，《人民日报》2021年10月20日第1版。
② 习近平：《加快构建数据基础制度 加强和改进行政区划工作》，《人民日报》2022年6月23日第1版。

同时，此次会议再次强调了数据要素的经济价值，指出数据作为新型生产要素，是数字化、网络化、智能化的基础，已快速融入生产、分配、流通、消费和社会服务管理等各个环节，深刻改变着生产方式、生活方式和社会治理方式。2022年12月，中共中央、国务院印发《关于构建数据基础制度更好发挥数据要素作用的意见》（也称"数据二十条"），其中指出，数据基础制度建设事关国家发展和安全大局，要求加快构建数据基础制度，充分发挥我国海量数据规模和丰富应用场景优势，激活数据要素潜能，做强做优做大数字经济，增强经济发展新动能，构筑国家竞争新优势。"数据二十条"以维护国家数据安全、保护个人信息和商业秘密为前提，以促进数据合规高效流通使用、赋能实体经济为主线，以数据产权、流通交易、收益分配、安全治理为重点，初步搭建了我国数据基础制度的"四梁八柱"，绘制切实发挥数据要素作用的未来图景。

　　随着互联网技术的发展，作为信息技术发展的突出结果，数据逐渐从技术中独立出来，成为一个单独的生产要素，具有独立的来源、作用和价值。数据催生了许多新业态、新模式，而新业态、新模式的发展也反哺于数据，使其有了更加智能的处理技术、便利的流通渠道、多样化的展示方式，从而引发生产要素的权重变化。"信息和数据成为比物质和能源更重要的资源。"[①] 数据的广泛利用流转能够充分激发各主体的潜在创造活力，融合各类新兴技术释放数据要素市场的乘数效应。

---

① 肖峰：《从机器悖论到智能悖论：资本主义矛盾的当代呈现》，《马克思主义研究》2021年第7期。

第二节　社会价值：国家治理能力现代化的重要抓手

数字技术、数字经济、智慧社会迅猛发展，深刻改变传统工业时代的经济贸易结构和社会组织活动方式，同时带来了体系性和全局性的变革和治理新问题。推动数据要素市场化配置和释放数据要素价值是建设网络强国、实现国家治理能力现代化的重要抓手。依靠海量的数据搜集和精准的数据分析可以增强决策的科学性，协同高效推进党和国家机构改革，服务于经济社会发展和满足广大人民群众期待。[1] 数据要素价值释放将助力数字政府、数字社会建设，推动我国治理体系和治理能力现代化。[2]

随着信息技术革命的兴起，千百年来人们在物理世界所习以为常的生活节奏也被打乱，人类开始习惯"物理"与"虚拟"相互交融的生活状态，并逐渐在虚拟世界花费更多的时间与精力。原有单一物理世界的生产生活关系、思想观念和行为、社会制度和秩序等，都面临着深刻的颠覆和重建。"颠覆和重建"一方面对传统的国家治理机制提出了挑战，各国在应对上出现了"治理赤字"难题，失序失控风险显现。[3] 另一方面，数字技术的有效应用也为实现国家治理体系和治理能力现代化提供了推进动力。习近平总书记

---

[1] 参见渠滢《我国政府监管转型中监管效能提升的路径探析》，《行政法学研究》2018年第6期。

[2] 《〈"十四五"国家信息化规划〉专家谈：激发数据要素价值 赋能数字中国建设》，中国国信网，http://www.cac.gov.cn/2022-01/21/c_1644368244622007.htm，2022年10月23日。

[3] 张文显：《构建智能社会的法律秩序》，《东方法学》2020年第5期。

指出:"信息技术创新日新月异,数字化、网络化、智能化深入发展,在推动经济社会发展、促进国家治理体系和治理能力现代化、满足人民日益增长的美好生活需要方面发挥着越来越重要的作用。"①

在现代的数字社会中,数据作为新型的生产要素,正以其独特的价值,逐渐成为推动社会发展各个领域数字化转型的关键力量与核心要素,人们不再将其视为虚拟的符号,而能够切实体会到数据所带来的便捷,这种潜移默化的接纳使得人们已经难以脱离对数据的依赖。

第一,以"数据"为底层支撑而搭建的基础设施,引领了多重领域数字化建设的蓬勃发展,而这些领域均与日常生活、工作息息相关。当前,我国在商业、医疗、公共服务等多个领域广泛推行数字化平台建设,此类数字化平台本身具有使用便捷性、信息存储高效性的特点,能够满足信息社会的普遍需求。我国各地政府正在推行的"智慧政府建设",正是以数据为依托,推进各类政务流程无纸化、网络化办理,群众足不出户即可办理各类事项,极大便利生活。我国的电商网络经济凭借数字化建设的东风,亦得到迅猛发展,网络电商平台可以渗透到较为偏远的乡村。截至2020年,中国已有5452个"淘宝村",即使身处农村地区,依然能够借助数据快速传输的优势,享受数字化社会的便利。②

第二,以"数据"为依托,衍生出诸多创新型产业类型以及新就业岗位,不断丰富社会就业领域,提升就业质量,数据及数字技术的引用发展"破除了劳动力要素的流动障碍,帮助大量普通劳动

---

① 习近平:《致首届数字中国建设峰会的贺信》,《人民日报》2018年4月23日第1版。
② 邱泽奇、乔天宇:《电商技术变革与农户共同发展》,《中国社会科学》2021年第10期。

者共享数字经济发展红利"。① 数据作为新型生产要素，正不断激发创新活力。相较于若干年前诸多传统行业，当前社会对数据的合理利用，不断催生出新的产业类型。例如，在"数据"加持下，全球范围内的数字科学技术得到井喷式发展，云计算、云存储等"云平台"建设，使得原本需要耗费海量空间储存的数据信息能够得到妥善、便捷、安全的安置，信息处理成本、空间得到极大降低与解放。由此产生诸多科技型创新企业，既带动了行业发展，同时为社会提供了大范围的科技型就业岗位，吸引人才不断聚集，而人才的不断聚集亦能进一步产生集聚效应，促进创新效率不断提升，"数据"所带来的正外部性得到了淋漓尽致的彰显。

第三，以数据结构化体现"普惠性"特征，数据传输覆盖面极其宽广，在社会的数字化转型过程中，数字信息技术应用一旦成功部署，其可以通过结构化的设计吸收大量用户，辐射广泛区域。数字红利可以通过数据结构化达到普惠效果，为我国社会各行各业、各类人群普遍享有。数据的快速全量式流动促进网络文化产业、电子商务产业等新技术新业态便利惠及全国乃至世界各个地区，这对缩小收入差距、推动"共同富裕"发挥了巨大作用。数字技术可以助力于国家战略、社会民生的发展。在过去的2021年，中国共产党成立100周年之际，我国首次实现了全面建成小康社会的宗旨，其关键在于脱贫攻坚取得了全面胜利，精准扶贫是打赢脱贫攻坚战的制胜法宝，而数字化就是精准扶贫中非常重要的一个因素。数字科技扶贫兴农，是信息科技发展到数字化、网络化、智能化阶段并实际应用于扶贫减贫和"三农"领域的产物。数字科技是当今信息高科技时代给人类反贫困和共享发展带来的新利器。数字科技本身具

---

① 莫怡青、李力行：《零工经济对创业的影响——以外卖平台的兴起为例》，《管理世界》2022年第2期。

有广泛连接性、应用精准性、智能高效性、普惠包容性，面对当代数字科技带来的重大机遇，用好数字科技，越来越成为扶贫减贫的必要之选。① 除此以外，从更宏观的社会就业层面来看，数字化平台可扩大就业和提高就业质量，增强创业和就业的包容性、灵活性，促进真正的普惠式社会公平。正如习近平总书记所言，"就业是最大的民生"。② 基于数字科技的灵活便捷性，大量的灵活就业形式由此衍生。例如，在数字经济发展的基础上，顺应于新业态的客观需要，产生了诸多衍生的服务业态，如网络主播行业、网约车行业、快递物流行业、外卖配送行业，此类灵活就业行业吸引了大批量的从业人口，包括应届大学生。诸多就业在迅速找准自身在产业链中定位的同时，收获了超出预期的收入。总体来说，普惠式的社会公平，可以在数字经济的托举下向更高水平发展。

加强数字政府建设是适应新一轮科技革命和产业变革趋势、引领驱动数字经济发展和数字社会建设、营造良好数字生态、加快数字化发展的必然要求。在数字政府建设中，党的十九届四中全会明确提出：建立健全运用互联网、大数据、人工智能等技术手段进行行政管理的制度规则。③ 推进数字政府建设，是推动国家治理现代化的必然要求，也是数据要素价值释放的重要途径。

第一，数据是数字政府运行的基础。在数字政府建设中，数据及其数字技术的运用是一体化政务服务系统的基本构成要件，反映着以新兴技术推动国家治理网络化、数字化和智能化的趋势和努

---

① 汪向东主编：《数字科技：扶贫兴农新利器》，人民出版社2020年版，第23页。
② 习近平：《决胜全面建成小康社会 夺取新时代中国特色社会主义伟大胜利》，《人民日报》2017年10月28日第1版。
③ 《中共中央关于坚持和完善中国特色社会主义制度 推进国家治理体系和治理能力现代化若干重大问题的决定》，《人民日报》2019年11月6日第6版。

力。① 数据的安全流动与有效处理与政府的数字化转型相辅相成。数据在数字政府中的应用改变了传统数据收集、存储和应用模式，实现各部门的有效衔接，能够做到对各方诉求及时响应。

第二，数据赋能数字政府建设。政府实现数字化转型的关键是发挥数字赋能的效用②。数据的共享与开放可以显著提高政府决策和服务的效率和质量，推动社会的共治与公益，从而实现"基础设施云化""全触点数字化""业务在线化""数据运营化"。③ 政府所掌握的数据信息，最终要实行各部门之间的大数据联网，在确保信息安全的基础上实施有关信息的共享与互通，在大数据联网以后，无论是政府主体还是非政府主体都可以享受大联网所带来的好处。例如，社会公众可以通过下载政府开发的手机 App 或者电脑软件，及时获悉政府公开信息，掌握一手信息资源，基于数据的便捷性而产生的社会正外部性，在现代社会中被越来越多的人所享有。

第三，数据应用发展助力社会治理，社会治理也必然会呈现出数字时代的特有逻辑，并成为推动国家治理体系和治理能力现代化、促进包容共享型法治的根本动力。当前，社会治理重在推行"智慧治理"，即利用最小的成本、人力，借助技术的力量，通过合理运用数据，进而实现最良好的治理成效，使得政务服务能够覆盖最大规模的受众群体，让每一个群众都能在日常生活中切实感受到数据的便捷高效性，即"让数据多跑腿，让群众少跑路"。同时，数据信息的广阔价值，也进一步启发政府如何更好挖掘数据背后的

---

① 参见孟天广《政府数字化转型的要素、机制与路径——兼论"技术赋能"与"技术赋权"的双向驱动》，《治理研究》2021 年第 1 期。
② 参见戴长征、鲍静《数字政府治理——基于社会形态演变进程的考察》，《中国行政管理》2017 年第 9 期。
③ 沈费伟、诸靖文：《数据赋能：数字政府治理的运作机理与创新路径》，《政治学研究》2021 年第 1 期。

广阔天地，结合现在时代发展特点以及自身职能，不断提升社会治理的智能化。这背后隐藏的是数据所具有的时代价值，正是数据让群众能够享受到时代发展的红利。在新冠肺炎疫情期间，数字技术有力支撑常态化疫情防控，数字抗疫加速推动部门之间以及中央和地方之间的数据互通共享，健康码的普及和使用达到了前所未有的程度，对统筹推进疫情防控和经济社会发展发挥了至关重要的作用。① 习近平总书记指出，"我国数字经济规模已经连续多年位居世界第二。特别是新冠肺炎疫情暴发以来，数字技术、数字经济在支持抗击新冠肺炎疫情、恢复生产生活方面发挥了重要作用"。② 数据以及数字技术运用对全国疫情的实现起到基础的支撑作用，疫情监测、流调溯源、防控救治、资源调配等工作的数字化大大提升了防控效率，相关数据的收集整理为政府决策部署、社会复产复工创造了有力条件。③

第三节　战略价值：塑造国家竞争新优势的关键资源

在国际竞争日益激烈的当下，不断提升本国的综合国力，方能把握未来发展的时代机遇。而数字技术则是现代信息化时代衡量各国综合国力的重要指标，亦是世界各国着力发展的重点技术领域。

---

① 国家互联网信息办公室：《数字中国发展报告（2021年）》，http：//www.ahwx.gov.cn/wlyj/202208/W020220803313076797185.pdf，2022年10月10日。

② 习近平：《把握数字经济发展趋势和规律 推动我国数字经济健康发展》，《人民日报》2021年10月20日第1版。

③ 参见李坤望、马天娇、黄春媛《全球价值链重构趋势及影响》，《经济学家》2021年第11期。

"在数据驱动的数字经济时代，数据已经成为各经济体提升国际竞争力的重要因素。"① 数据作为支撑数字技术实践运用的基础，亦成为信息时代的新型战略资源，把握了数据，即把握了重要的信息资料。数据已成为"国家基础性战略资源"，正日益对全球生产、流通、分配、消费活动以及经济运行机制、社会生活方式和国家治理能力产生重要影响。②

信息技术不断发展的当下，各国跨境交流需求日渐频繁，近年来，欧盟、美国、日本、韩国、英国等世界主要经济体纷纷出台新一阶段的中长期数字化发展战略，促进数据利用和保护数据权益构成各国数字经济战略的双重目标。③ 加快发展数字经济，构建数字驱动的经济体系，力争赢得未来发展和国际竞争的主动权，而对数据的控制与支配能力则成为各国在竞争中的焦点。

欧盟以此前发布的《欧洲数据战略》为基础，发布《2030年数字指南针》政策文件，提出2030年欧洲实现数字化转型的4项要点和11个具体目标，主要包括促进企业全面数字化转型、攻克2nm高端芯片制造、实现千兆网络覆盖所有欧洲家庭、使90%以上的欧洲中小企业数字化水平达标、实现全民访问电子医疗记录等内容。此外，文件还强调，一是拥有大量能熟练使用数字技术的公民和高度专业的数字人才队伍；二是构建安全、高性能和可持续的数字基础设施，到2030年，生产出欧洲第一台量子计算机等；三是致力于企业数字化转型，到2030年，四分之三的欧盟企业应使用云计算服务、大数据和人工智能；四是大力推进公共服务的数字化，到2030

---

① 沈玉良：《数字贸易发展转折点：技术与规则之争——全球数字贸易促进指数分析报告2021》，《世界经济研究》2022年第5期。
② 《国务院关于印发促进大数据发展行动纲要的通知》，中国政府网，http://www.gov.cn/zhengce/content/2015-09/05/content_10137.htm，2022年10月10日。
③ 梅夏英：《企业数据权益原论：从财产到控制》，《中外法学》2021年第5期。

年，所有关键公共服务都应提供在线服务，所有公民都将能访问自己的电子医疗记录。

美国于2019年2月发布《维护美国人工智能领导力的行政命令》，大幅提高美国在人工智能和量子信息科学领域的研发支出，强化关键技术领域的国际竞争。在此基础上，还颁布了《临时国家安全战略指南》《2021年战略竞争法案》《2021美国创新与竞争法案》等一系列竞争性法案。通过制定相关政策，确保美国在人工智能、5G、自动驾驶等数字经济领域的领先地位。在当今世界面临数字化转型的背景下，美国国际开发署发布了《数字战略（2020—2024）》，试图在全球范围构建以自身为主导的数字生态系统。

2021年9月，日本政府成立了数字厅，并宣布了其数字化战略，希望通过数字化升级将日本加速转型为数字驱动的高收入国家以及数字经济的区域领导者。具体而言，一是让数字厅在日本政治领域发挥"司令塔"作用，时任日本首相菅义伟在多个场合明确表示，"创设数字厅，是作为打破行政纵向分割、大胆实行监管改革的突破口"；二是构建对老年人友好、具有特色的数字社会，在最大限度地考虑个人隐私的同时，朝着如何构建重视人类本身的数字社会发起挑战；三是重视民众实际使用的便利性，要从民众实际使用切入来设计数字系统[①]。

2022年7月4日，英国科技和数字经济部对2022年6月13日发布的《英国数字战略》进行了更新。该战略旨在通过数字化转型建立更具包容性、竞争力和创新性的数字经济，使英国成为世界上开展和发展科技业务的最佳地点，提升英国在数字标准治理领域的全球领导地位。为此，英国将重点关注数字基础、创意和知识产

---

① 刘军红、霍建岗、汤祺：《日本菅义伟政府的数字改革》，《现代国际关系》2021年第6期。

权、数字技能和人才、为数字增长畅通融资渠道、高效应用和扩大影响力、提升英国的国际地位六个关键领域的发展。

世界主要国家和经济体关于数字经济的发展战略以及对于数据这一关键要素的重视，为我国的数字经济战略提供了重要的参考与借鉴意义。强化与世界各国之间的交流合作尤其是数据管理、数字经济领域的交流合作，及时进行技术的沟通与学习，将逐渐成为新的国际合作类型，进一步实现信息社会时代人类命运共同体的美好愿景。

在促进数据战略落实方面，党的十八大以来，中央在多个重要文件中强调信息化和数字化建设要求。党的十九大报告首次提出建设"数字中国"的概念。习近平总书记强调："加快数字中国建设，就是要适应我国发展新的历史方位，全面贯彻新发展理念，以信息化培育新动能，用新动能推动新发展，以新发展创造新辉煌。"[1] 数字中国建设的发展需要更强支撑、更新动能、更好保障。近年来，推动数据有效利用的制度化工作逐步开展，国家先后出台《关于构建更加完善的要素市场化配置体制机制的意见》《"十四五"数字经济发展规划》《"十四五"推进国家政务信息化规划》等重要规范性文件，从多个领域提出促进数据要素价值释放的基本方略。为推动数据要素有序流动、促进数据有效利用提供强有力的法律支撑，《网络安全法》《数据安全法》《个人信息保护法》等法律法规相继出台、实施，通过法治方式推进数字技术创新应用，有效维护各类主体的数据权益。

在数字经济时代，信息和知识普遍以数字化的形式产生、保存、传播和利用，数据也因此成为新的生产要素以及国际竞争中的战略

---

[1] 习近平：《决胜全面建成小康社会 夺取新时代中国特色社会主义伟大胜利》，《人民日报》2017年10月28日第1版。

性资源。但值得注意的是，数据资源应用价值巨大，且容易形成规模效应。通过对数据资源的探索利用，可以推动更多新兴技术、新兴模式、新兴产业诞生和发展，也可以实现数字经济与传统产业的深度融合，推动传统产业转型升级。"数据已经成为各经济体提升国际竞争力的重要因素。"① 数据正在成为改变国际竞争格局、重塑国际关系、促进国际合作的关键力量。

---

① 沈玉良：《数字贸易发展转折点：技术与规则之争——全球数字贸易促进指数分析报告2021》，《世界经济研究》2022年第5期。

第 二 章

数据要素市场化现状与法治化模式

习近平总书记指出，"要构建以数据为关键要素的数字经济"。[①]这一论断阐明了数据要素与数字经济的关系，为数字经济的发展点出了方向。数据要素市场化的过程离不开三个重要机制：数据基础设施服务、数据产品供给和数据的使用，这三者可以大致勾勒出数据市场的分工体系。[②]其中，数据基础设施及其提供的服务将作为基础，支撑数据在供给者和使用者间流通并发挥出价值；进而，在交易平台、中介服务方以及监管部门等其他各方的参与下，一个完整的数据要素市场生态才得以形成。[③]

数据要素的发展历程与互联网产业和数字经济的发展紧密相关，数据已成为数字经济时代的国家基础性战略资源和重要生产要素，它催动了从政府到社会的数字化变革。而随着数字要素的不断发展，依法对这一新兴领域实施有效的治理也成为了各国关注的焦点，中国、美国、欧盟等国家和地区先后推出了一系列法律法规，力图在有效控制数据要素发展带来的风险的同时促进其发展，保障各方权益，以促进本国的发展变革。本章将以数字经济的规模为切入点，结合数字基础设施的建设情况和数据要素市场的建设状况，综合阐明数据要素市场化的背景与现状；同时，也将在介绍中国数据要素法治化实践的同时，列举国外相关治理经验，以供参考。

第一节 数据要素发展现状

数字经济以数据要素为基础。虽然目前还没有一个准确的价值

[①] 习近平：《审时度势精心谋划超前布局力争主动 实施国家大数据战略加快建设数字中国》，《人民日报》2017年12月10日第1版。
[②] 参见高富平、冉高苒《数据要素市场形成论——一种数据要素治理的机制框架》，《上海经济研究》2022年第9期。
[③] 参见范文仲《完善数据要素基本制度 加快数据要素市场建设》，《中国金融》2022年第S1期。

判断体系可以回答"数据值多少钱"的问题,但数据要素的价值却可以从数据经济的发展中得到体现。总的来说,数字经济规模飞速扩张,数字基础设施建设规模不断扩大,体现着数据要素的发展。即使数字经济本身的发展过程并不均衡,其以美国、中国和欧洲为主要增长区域,但不可否认的是,数字经济正成为全球经济的新增长点,也带动着数据成为人们口中"如石油一般"的宝贵资源。

一 数据要素价值持续展现

可以肯定地说,过去10—20年是以互联网产业为代表的数字经济飞速发展扩张的时期,这使得数据的重要性也成倍增长。网络的变迁不断催生新的经济模式,也带动着传统行业的信息化与数字化。

从互联网用户数量这项指标来看,根据国际电信联盟的统计,截至2021年,4G覆盖率自2015年以来翻了一番,覆盖全球88%的人口;约有49亿人(占世界人口的63%)被定义为"在线[①]",这一数字自2019年以来,增长了17%。[②] 在新冠肺炎疫情的背景下,2020年全球互联网带宽增长了35%,是自2013年以来最大的一年增幅。据估计,约80%的互联网流量与视频、社交网络和游戏有关,[③] 它们无疑创造了大量经济价值。

[①] 与前述网络覆盖率不同,"在线"的标准为"在(从统计时起算)过去三个月内使用过互联网"。See ITU, "Measuring digital development: Facts and Figures 2021" (Description), https://www.itu.int/itu-d/reports/statistics/facts-figures-2021/#footnote_01, 2022-09-21.

[②] See ITU, "Measuring digital development: Facts and figures 2021", https://www.itu.int/en/ITU-D/Statistics/Documents/facts/FactsFigures2021.pdf, 2022-09-21.

[③] See UNCTAD, Digital Economy Report 2021 (Overview), https://unctad.org/system/files/official-document/der2021_overview_en_0.pdf, 2022-09-21.

如此庞大的互联网用户规模必然带动数字经济产值的提高。中国信通院发布的《全球数字经济白皮书（2022 年）》指出，截至 2021 年，全球 47 个国家数字经济增加值规模达到 38.1 万亿美元，同比增长 15.6%，占 GDP 比重为 45.0%。其中，发达国家数字经济规模大、占比高，2021 年规模为 27.6 万亿美元，占 GDP 比重为 55.7%，发展中国家数字经济增长更快，2021 年增速达到 22.3%。规模上，美国数字经济仍蝉联世界第一，规模达到 15.3 万亿美元。[1]

就中国而言，可从以下几个指标理解我国是如何从数据的大规模生产、收集与利用中发展数字经济的。就我国网民数量来看，根据中国互联网络信息中心发布的第 50 次《中国互联网络发展状况统计报告》，截至 2022 年 6 月，中国网民规模为 10.51 亿户，互联网普及率达 74.4%，且在即时通信、网络视频、网络支付、网络新闻、网络直播和在线医疗等领域都拥有十分庞大的用户群。上述各领域中普及率最低的在线医疗用户也已达 3.00 亿，占整体网民的三成左右；其余各项领域占比均在七成以上，拥有用户规模 7 亿至 10 亿不等。[2] 从数字经济规模上看，根据中国信通院发布的《中国数字经济发展报告（2022 年）》统计，2021 年我国数字经济规模已经达到 45.5 万亿元，居于世界第二位。即使仅计算其中数字产业化规模，也有 8.35 万亿元，达到了 GDP 的 7.3%。[3] 从数字经济增速上看，根据《全球数字经济白皮书（2022 年）》，2012 年至 2021 年，

---

[1] 《中国数字经济规模达 7.1 万亿美元》，2022 年 7 月，新华网，http://m.news.cn/2022-07/30/c_1128876675.htm，2022 年 10 月 10 日。

[2] 参见《第 50 次中国互联网络发展状况统计报告》，2022 年 8 月，中国互联网网络信息中心，http://www.cnnic.net.cn/n4/2022/0914/c88-10226.html，2022 年 10 月 10 日。

[3] 参见中国信息通信研究院《中国数字经济发展报告（2022 年）》，http://www.caict.ac.cn/kxyj/qwfb/bps/202207/t20220708_405627.htm，2022 年 10 月 15 日。

我国数字经济平均增速为15.9%。从占比上看，2012年至2021年，数字经济整体占GDP比重由20.9%提升至39.8%，占比年均提升约2.1个百分点，数字经济整体投入产出效率由2002年的0.9提升至2020年的2.8。①

除了量的变化以外，与数据要素相关的新技术新应用和其他网络信息技术也为数字经济的发展带来了更多质变的可能。《中华人民共和国国民经济和社会发展第十四个五年规划和2035年远景目标纲要》明确将云计算、大数据、物联网、工业互联网、区块链、人工智能、虚拟现实和增强现实等一批新技术新应用列为数字经济的重点产业。其中，2021年被称为"元宇宙'元年'"，元宇宙概念的提出和热潮既是资本推波助澜的结果，又预示着未来产业变革与技术变革的方向。在集成和发展了现有的虚拟现实、区块链、云计算等许多技术后，一个完全由数据及数据处理技术创造的元宇宙将打造人类世界的数字化"平行空间"，实现虚拟空间与现实空间在某种意义上的结合和紧密交互，这可能进一步推进人类社会的信息化、数字化、智能化发展，也同样将催动网络领域的消费新形态产生，成为数字经济发展的新热点、数字政务应用的最前沿。②

同样备受关注的还有工业互联网产业。工业互联网的发展标志着数据要素与传统生产领域的结合，意味着数字经济从虚拟经济转向实体经济、由消费领域向生产领域延伸，这将再造新经济模式，并令工业互联网继消费互联网后成为下一个增长热点。③根据中国

---

① 《中国数字经济规模达7.1万亿美元》，新华网，http://m.news.cn/2022-07/30/c_1128876675.htm，2022年10月15日。
② 参见周辉《依法应对元宇宙发展中的风险挑战》，《光明日报》2022年4月2日第5版。
③ 参见郄勇志《工业互联网"接棒"消费互联网 再造新经济模式》，《通信世界》2022年第18期。

信息通信研究院的研究数据,中国工业互联网产业规模已超过万亿元大关,工业互联网已在研发设计、生产制造、运营管理等各个环节广泛应用,特别是5G技术正在向生产控制环节加速延伸。① 未来,作为新一代信息技术与工业现代化深度融合与集成的产物,随着工业互联网渗透到各个领域和产业,一二三产业能够实现各产业链、供应链、价值链整合加速与深度融合前提下的融通发展。②

但需要注意的是,虽然全球互联网产业正处于发展繁荣的阶段,但并非世界各国、各地区都同样地享受到了互联网发展所带来的红利。2021年,全球数字平台100强中,位于美国的数字平台41家,亚太地区45家,非洲仅2家。美国数字平台市值占全球数字平台100强总市值的67%,亚太平台占29%,而非洲平台仅占2%。③

二 数字基础设施日渐完善

数字基础设施是指以数据创新为驱动、通信网络为基础、数据算力设施为核心的基础设施体系,④ 它是数据成为要素、发挥出价值并让数字经济得以发展的重要基础,也如同传统基础设施那样,是带动新一轮经济社会发展的重要引擎。目前的数字基础设施范围较广,既包括与传统信息基础设施类似的5G网络设施,也包括数据要素发展背景下不断建立的数据中心、云计算中心等设施;此

---

① 《数说中国|我国工业互联网产业规模超过万亿元》,2022年7月,新华网,http://www.news.cn/fortune/2022-07/20/c_1128849131.htm,2022年10月15日。
② 参见石璋铭、杜琳《工业互联网平台对产业融合影响的实证研究》,《科技进步与对策》2022年第19期。
③ 参见中国国际发展知识中心《全球发展报告》,http://www.cikd.org/detail?docId=1538692405216194562,2022年10月15日。
④ 曾志敏:《强化数字基础设施建设》,2022年5月,中国经济网,http://views.ce.cn/view/ent/202205/06/t20220506_37554567.shtml,2022年10月15日。

外，数字基础设施还服务于当下的新技术新应用，如人工智能开发、区块链技术、虚拟现实等。依托于上述技术和设施，数字世界逐渐由"去中心化"向着以各类平台为核心的"再中心化"转变：不仅人们的衣、食、住、行、娱乐等需求都可以在数字化平台上得到满足，而且电子政务平台建设也在逐步加速。可以说，如果没有数字基础设施的建设，这些平台就无法发展到今天的规模和地位。此外，在数字化设施建设的同时，传统的基础物理设施也可以通过数字化改造而被纳入数字基建的范围中，例如，对可穿戴设备、无人驾驶等科技应用的研究改变着人们的日常生活；测绘、自然资源开发、交通建设等领域也在逐步迈向数字化转型。

　　与在数字经济发展中的重要地位一样，中国的数字基础设施建设远远走在同类经济发展水平的国家前面。中国的5G建设已经处于世界领先水平，而光纤网络、移动通信基站、数据中心等基础设施建设亦达到了国际先进水平。数字基础设施上的优势大大促进了数字经济在中国的蓬勃发展。①《"十四五"数字经济发展规划》明确提出，中国信息基础设施全球领先，已建成全球规模最大的光纤和第四代移动通信（4G）网络，第五代移动通信（5G）网络建设和应用加速推进。宽带用户普及率明显提高，光纤用户占比超过94%，移动宽带用户普及率达到108%，互联网协议第六版（IPv6）活跃用户数达到4.6亿。在对物理基础设施的数字化改造方面，当下各行各业几乎都在向数字化、智能化发展。例如，在交通运输、医疗等领域，智能驾驶、智能医疗器械等成为行业热点；农业生产、水利工程等领域也在大规模应用数字化设备，或对原有设施进行数字化改造。

---

① 参见徐康宁《数字经济重塑世界经济与全球竞争格局》，《江苏行政学院学报》2022年第3期。

信息基础设施的完善和原有基础设施的数字化将带来"万物互联"的场景,这将进一步扩大社会生产生活过程中产生的数据规模,并允许人们更好地整合并分析来自各行各业、不同领域的数据,从而发挥其作为生产要素的独特价值。

当然,不可否认的是,随着数字基础设施的建设,由于不同人群对设施的利用能力及其生活水平、地区发展水平的差异,不同产业、不同行业、城乡之间、区域之间数字化发展的差距依然存在,数字鸿沟仍然是制约中国数字经济继续实现发展的瓶颈之一。① 放眼全球,这种"数字鸿沟"体现的更为明显:尽管移动互联网、宽带覆盖等数字基础设施近年来取得大幅进展,但部分发展中国家特别是最不发达国家的数字基础设施仍然较为匮乏。国际电信联盟数据显示,2021年最不发达国家4G人口覆盖率仅为53%,3G人口覆盖率为30%,固定宽带订阅量为每100位居民只有1.4个用户,使用互联网的人口仅占27%。在网络传输速度上,最不发达国家也远落后于发达国家,后者固网的平均网速约是前者的八倍,② 反映了二者之间在数字基础设施和技术上的巨大差距。

第二节 发展中的机遇与挑战

一 政府数据开放共享不断推进

"目前我国信息数据资源80%以上掌握在各级政府部门手里,

---

① 参见王卫华、宁殿霞《数字劳动和数据资本权力:平台资本主义研究的两个重要向度》,《云南财经大学学报》2022年第8期。
② 参见中国国际发展知识中心《全球发展报告》,http://www.cikd.org/detail?docId=1538692405216194562,2022年10月15日。

'深藏闺中'成了极大浪费",李克强总理于2016年在国务院全国推进简政放权放管结合优化服务改革电视电话会议上曾经这样指出。党的十八大以来,中央在多个重要文件中强调信息化和数字化建设要求,不断探索推进数据开放和政府信息公开制度;2021年通过实施的《数据安全法》明确规定:"国家机关应当遵循公正、公平、便民的原则,按照规定及时、准确地公开政务数据。依法不予公开的除外";"国家制定政务数据开放目录,构建统一规范、互联互通、安全可控的政务数据开放平台,推动政务数据开放利用。"

此外,《网络安全法》《关于构建更加完善的要素市场化配置体制机制的意见》及《中华人民共和国国民经济和社会发展第十四个五年规划和2035年远景目标纲要》等一批法律、法规及政策文件均多次强调要实施公共数据开放,在向社会公开各类高价值数据集如企业登记监管、卫生、交通、气象等领域数据的同时,鼓励对数据价值进行深度挖掘。在这种政策的激励和引导下,我国各省、市纷纷推进关于公共数据开放的地方性立法,如《深圳经济特区数据条例》《广东省公共数据管理办法》《上海市公共数据开放暂行办法》和《上海市公共数据开放实施细则(征求意见稿)》等。根据复旦大学和国家信息中心数字中国研究院发布的《中国地方政府数据开放报告——省域(2021年度)》,这些地方数据开放实践提供了包括数据查询、数据可视化、数据应用、研究成果、创新方案等多种数据服务形式。在新冠疫情防控过程中,政府相关部门通过向特定主体开放确诊或疑似病例的身份证号、交通、通信、医疗等数据以及时采取筛查和管控措施,[①] 也是政府数据开放的一次重要尝试。应该说,当前我国省级地方政府在政府数据开放利用相关政策

---

① 参见刘权《政府数据开放的立法路径》,《暨南学报》(哲学社会科学版)2021年第1期。

方面已取得了一定进展，已初步形成了围绕开放政府数据的利用主体、利用条件、利用行为、利用成果和利用生态而展开的政策内容框架。①

二 社会数据资源价值显著提升

数据要素的核心价值体现在支撑更明智的决策，从而创造经济效益和社会福利。数据分析有助于对各行业的发展态势进行研判，省去大量人工分析和决策的成本，并能够提高决策的效率。随着各行业数据应用的不断深入，数据驱动的新业态、新模式正在加速涌现。

对数据开发利用是激活数据要素价值的关键。当前，我国围绕"数据资源、基础硬件、通用软件、行业应用、安全保障"的大数据产品和服务体系初步形成。② 海量数据的聚合利用可以提高互联网行业的效率，在营销、物流和产品分析等领域有突出作用；数据要素还可以通过对农业数据、工业数据的分析，带动传统产业的数字化转型，提升发展的质量和效益。在新业态新模式的发展上，数据要素也可以提供充沛动能，既包括传统线下场景的线上化、数字化，也包括虚拟现实、直播电商等线上新业态、新模式。另外，数据要素的利用过程本身也将催生一批新产业，并带动经济发展。受益于数据要素价值不断凸显等原因，电信业、电子信息制造业、软件业等产业在近几年高速增长；信息技术服务业，如云服务、大数据服务等也随之成为热点行业。

---

① 付熙雯：《数字中国建设中政府数据开放利用政策的优化》，《陕西师范大学学报》（哲学社会科学版）2022年第4期。

② 宋灵恩：《〈"十四五"国家信息化规划〉专家谈：激发数据要素价值 赋能数字中国建设》，http://www.cac.gov.cn/2022-01/21/c_1644368244622007.htm，2022年10月15日。

此外，数据要素还在社会治理、文化传媒、生态文明等领域不断提升着其价值。新冠肺炎疫情以来，数字技术有力支撑常态化疫情防控，加速推动部门之间以及中央和地方之间的数据互通共享，也从客观上使数字政府建设向更大范围、更深程度推进；博物馆馆藏文物资源、历史古籍、遗迹遗址等不可移动、不可再生的珍贵历史文化财产也正在逐渐通过数字化的方式呈现。[1]

三　数据要素资源整合初具规模

目前，国内推动数据要素资源整合的主要形式是建设各种数据交易机构，希望借此撮合供需双方的数据交易，消除市场上存在的信息不对称，并"先行先试"地探索合理、可靠的数据定价机制与交易制度。据中国信息通信研究院发布的《大数据白皮书》统计，从贵阳大数据交易所于2015年挂牌运营以来，在2014—2017年间，国内就先后成立了23家由地方政府发起、指导或批准成立的数据交易机构。"数据要素市场化配置"提出后，第二轮数据交易平台建设热潮掀起，越来越多的地方政府开始启动或规划本地数据交易平台建设。[2]

值得关注的还有数据中心建设。2021年5月24日国家发展改革委、中央网信办、工业和信息化部、国家能源局印发《全国一体化大数据中心协同创新体系算力枢纽实施方案》；2022年2月，经发改委等国家部委批准，京津冀、长三角、粤港澳大湾区、成渝、内蒙古、贵州、甘肃、宁夏8地启动建设国家算力枢纽节点，并规

---

[1] 参见国家互联网信息办公室《数字中国发展报告（2021年）》，http://www.cac.gov.cn/2022-08/02/c_1661066515613920.htm，2022年10月15日。

[2] 参见中国信息通信研究院《大数据白皮书》，http://www.caict.ac.cn/kxyj/qwfb/bps/202112/t20211220_394300.htm，2022年10月15日。

划了10个国家数据中心集群。至此,全国一体化大数据中心体系完成总体布局设计,"东数西算"工程正式全面启动。实施"东数西算"工程,推动数据中心合理布局、供需平衡、绿色集约和互联互通,将提升国家整体算力水平、促进绿色发展、扩大有效投资、推动区域协调发展。①

四 市场化发展的挑战

虽然在国家相关政策的指引下,数据要素市场培育正在加速推进,但不可否认,由于数据要素具有与传统生产要素迥异的特征,匹配这一生产要素市场化的制度建设还需要经历相当长的过程,数据相关技术产业也在发育成长的初期阶段。总体上看,目前要实现数据要素市场化,还面临着诸多方面的挑战,其中较为关键的是如下几个方面。

第一,数据产权保护问题依然在探索中,近年来,学界围绕能否以传统物权法或财产法的理念来解释数据的权利属性展开了大量讨论,但关于数据的内容、归属等,仍然存在重大争议。对这些问题的判断将直接影响信息、数据的流通、再利用,甚至会影响互联网、高科技的发展。②受限于权属不明及其带来的权益保护不足、各方义务责任不清以及利益分配存在冲突等难题,许多数据控制者不愿参与数据交易、促进数据流通,而更希望由自己收集并垄断更多的数据,这无疑将导致数据壁垒的出现。

第二,数据开放推进缓慢,政府数据利用率低、流通受阻,尚

---

① 《正式启动!"东数西算"工程全面实施》,2022年2月,新华网,http://www.news.cn/2022-02/17/c_1128386148.htm,2022年10月15日。
② 王利明:《论数据权益:以"权利束"为视角》,《政治与法律》2022年第7期。

未有效服务社会数字化转型。与各产业对产业内数据的深度分析和挖掘相比，公共数据的开发程度较低，利用率也不高。在数据开放的过程中，除了考虑如何平衡"提高数据开放的效率和数据质量"与"明确各方职责义务、保障公共利益"之外，还要考虑到数据开放的成本较高和动力不足等问题。

第三，我国的数据交易市场规模化尚未形成，目前数据交易市场成交量远不及数据市场的预期，始终处于业务模式探索和改进的阶段，许多模式和业务最终未能真正落地，① 且数据交易平台在运行中暴露出发展水平良莠不齐、数据要素流通困难、行业应用需求挖掘难、市场生态发育不良、相关技术支撑不足等诸多问题。② 未来无论是数据交易平台的建设还是数据交易市场的运行规则体系完善，都还需要各界持续关注。

第四，数据垄断问题严峻。《中共中央 国务院关于加快建设全国统一大市场的意见》明确提出，要破除我国平台企业数据垄断等问题，防止利用数据、算法、技术手段等方式排除、限制竞争。在算法、爬虫技术等新技术新应用的加持下，头部平台企业等规模较大、用户体量较多、数据要素较集中的数据控制者可以实现数据垄断优势的自我强化，进而导致这种优势从数据传导至其他行业，使企业在这些领域也建立起垄断优势，即所谓"双轮垄断"，③ 进一步威胁市场的公平竞争秩序。

第五，由于在不同的数据相关方视角下，不同场景中不同数据

---

① 参见中国信息通信研究院《大数据白皮书》，http://www.caict.ac.cn/kxyj/qwfb/bps/202112/t20211220_394300.htm，2022年9月30日。

② 陈舟、郑强、吴智崧：《我国数据交易平台建设的现实困境与破解之道》，《改革》2022年第2期。

③ 参见陈兵、林思宇《互联网平台垄断治理机制——基于平台双轮垄断发生机理的考察》，《中国流通经济》2021年第6期。

的价值不同，如何给数据要素制定合理的定价规则以促进其公平交易也是一个难点。[①] 数据在数字化时代的意义如同石油、钢铁和煤炭之于工业革命时期，但它的价值计算与衡量方法显然又不同于传统的有形且排他的物质资源。数据不仅要估值、定价，还要保值、增值，这也是值得探讨的问题。

第六，数据安全问题同时牵涉数据要素市场化和数据要素法治化进程，是建立起坚实可靠的经济产业的"定海神针"。数据安全事件不断发生，不仅会影响到社会舆论和民众对数字经济产业的态度，也会关系到切实的个人权益、企业利益及社会和国家安全。

第三节 数据要素法治化的模式

一 中国：确保数据安全，促进市场发展

党中央高度重视网络安全和数据领域政策法律体系建设工作。特别是党的十八大以来，我国网络安全和数据安全政策法律体系建设快速发展。

在战略层面，2015 年，党的十八届五中全会首次提出"国家大数据战略"，国务院发布《促进大数据发展行动纲要》；2019—2020 年，《中共中央关于坚持和完善中国特色社会主义制度 推进国家治理体系和治理能力现代化若干重大问题的决定》《中共中央 国务院关于构建更加完善的要素市场化配置体制机制的意见》《中共中央 国务院关于新时代加快完善社会主义市场经济体制的意见》《中共

[①] 参见包晓丽、齐延平《论数据权益定价规则》，《华东政法大学学报》2022 年第 3 期。

中央关于制定国民经济和社会发展第十四个五年规划和二〇三五年远景目标的建议》接连出台，均提出培育数据要素市场，推动数据要素市场改革，具体要求推进政府数据开放共享，提升社会数据资源价值，加强数据资源整合和安全保护。2021年12月，工信部出台《"十四五"大数据产业发展规划》，进一步强调数据要素价值，要求加快培育数据要素市场、发挥大数据特性优势、夯实数据产业发展基础、筑牢数据安全保障防线等。2022年12月，中共中央、国务院印发《关于构建数据基础制度更好发挥数据要素作用的意见》，以充分实现数据要素价值、促进全体人民共享数字经济发展红利为目标，坚持促进数据合规高效流通使用、赋能实体经济。

在法律层面，我国数据要素的法治化进程不断深化，整体上以确保数据安全和构建数据基础制度为目标，并主要在两个方向上进行了制度探索。

（一）坚守数据安全底线

数据安全与网络安全、个人信息保护等重要课题紧密相关，共同构成网络信息法治体系建设中安全保障的一环。我国先后出台《全国人民代表大会常务委员会关于加强网络信息保护的决定》《网络安全法》《刑法修正案（九）》《最高人民法院、最高人民检察院关于办理侵犯公民个人信息刑事案件适用法律若干问题的解释》等法律文件，对侵犯个人信息权、保障网络安全和数据安全等问题进行了明确规定。2020年5月通过的《民法典》将个人信息置于民事权利一章，进一步明确个人信息的人格权属性，并将个人信息处理扩大到包括收集、存储、使用、加工、传输、提供、公开等全生命周期，同时还增加了处理个人信息的免责情形，在一定程度上改变了我国个人信息保护规定零碎化、片段化的现状，对个人信息处理的规制具有重要指导意义。《民法典》第一百二十七条首次规定，法律对数据、网络虚拟财产的保护有规定的，依照其规定。该条明确数据和网络虚拟财产是民事权利的客体，回应了互联网时代保护数据权益与网络虚拟财产的需求。

2021年6月10日通过的《数据安全法》围绕保障数据安全和促进数据开发利用两大核心，从数据安全与发展、数据安全制度、数据安全保护义务、政务数据安全与开放的角度进行了详细的规制。在保障数据安全方面，建立了数据分类分级、数据安全风险评估、安全事件报告制度、监测预警机制、应急处置机制和安全审查等数据安全基本制度。第一，明确了数据处理者应建立数据安全管理制度、进行安全教育培训、开展风险监测和报告、采用技术手段落实制度等法律义务。第二，要求国家机关履行保密义务、建立健全管理制度、审慎监督受托方等以应对政务数据开放带来的安全风险。第三，建立数据安全审查制度、数据出口管制制度、对等反制制度以维护国家的主权、安全和发展利益。在促进发展方面，《数据安全法》充分认可行业协会、评估认证机构和标准化机构在推动技术发展、完善合规建设和促进行业自律方面的作用。在政务数据开放方面，明确了政务数据以公开为原则、不公开为例外的基本理念。2021年8月20日通过的《个人信息保护法》建立了一整套个人信息合法处理的规则，一是确立了自然人的个人信息受法律保护的原则和个人信息的处理规则；二是根据个人信息处理的不同环节、不同种类，对个人信息的共同处理、委托处理、数据共享、数据公开、自动化决策等提出针对性的要求；三是设专节对处理敏感个人信息作出更严格的限制，要求只有当具备特定的目的、充分的必要性时才可进行处理；四是设专节规定国家机关处理个人信息的规则，在保障国家机关依法履行职责的同时，要求国家机关处理个人信息应当依照法律、行政法规规定的权限和程序进行。

此外，我国出台了一系列地方性法规、规章、国家标准和行业自律规范作为相关立法的重要补充。例如，各部门加快推动数据相关法律法规的有效落实，如工信部、网信办先后发布《数据安全管理办法（征求意见稿）》《网络数据安全管理条例（征求意见稿）》《工业和信息化领域数据安全管理办法（试行）（征求意见稿）》《网络安全审查办法（修订草案征求意见稿）》等征求意见稿，加快推动数据战略和法律的有效执行，保障数据安全与国家安全。同时，在标准规范方面，全国信息安全标准化技术委员会出台了《个人信息保护指南》《个人信息安全规范》《信息安全技术—大数据安全管理指南》等一系列国家标准和技术规范，对个人信息处理和数据安全管理提出了较为细致的要求，具有良好的示范效果。

（二）构建数据流通和交易制度

近年来，我国明显加快了数字经济规范制定步伐，数字权利规范数量和内容粒度在中央至地方各个层面均有较快增长。法律层面，《民法典》虽未正式直接规定数据权利，但一是经由个人信息保护内容的呈现，显示出数据人格权的基本意在；二是在总则和合同编层面，承认数据的财产性价值。《数据安全法》第一条对数据开发利用同国家发展利益间的紧密联系做出了价值性宣誓。同时，在"数据安全与发展""政务数据安全与开放"章节中认可数据自由流通对社会利益的正向激励作用。《个人信息保护法》虽是调整个人数据人格权益保护的法律规范，但商业场景下数据处理行为仍是其不可或缺的规制内容。

各省、自治区、直辖市相继出台大数据发展应用条例等地方性法规，针对省级行政区域内大数据发展应用及其相关活动做出统一的法律规制，力求发挥数据生产要素作用，培育壮大新兴产业并推动经济社会各传统领域的数字化、信息化、智能化发展，如2019年10月的《贵州省大数据安全保障条例》、2021年7月发布的《深圳经济特区数据条例》以及2021年12月上海市发布的《上海市数据条例》等。截至2022年5月，已有十余个地级市以上行政区划颁布以《XXX数据条例》《XXX大数据促进条例》方式命名的相关地方性规范性文件，涉及数据要素市场、数据分级分类、数据权利、数据保护和数据产业促进等规则。由此可观之，数据经济价值、商业利益、权利保护必要和权利区分意识在层级、各领域规范中均有所体现。

但是目前，对于数据交易的启动、展开、结束等具体环节仍未有明确具体的规定，我国的数据交易基本处于平台自我约束、自行探索规则的状态。这与前文所提到的数据交易行业仍处于起步阶段相吻合，整体上体现出数据交易平台尚处于业务模式和运行方式的探索阶段。在以行业自律规范探索交易规则的同时，也应当考虑尽快制定权威、高效、标准化的规则体系。

二 欧盟：强化监督管理，关注权利保护

随着数字经济在全球范围内的飞速发展，欧盟也深刻认识到数据所蕴藏的巨大价值：数据驱动型创新在未来一个时期内将极大地促进经济增长和提升就业，有助于提升欧洲在全球市场的竞争力。由于在数据要素市场乃至整个互联网产业的发展上落后于美国，而近年来的发展势头又不及中国，欧盟一直以来都希望以立法等手段强化自身的数字主权并建立属于自己的数据要素市场，摆脱对美国

大型科技公司的依赖。① 因此，欧盟更加注重对本土数据和个人权利的保护。

在立法层面，2016年发布、2018年5月正式生效的《通用数据保护条例》（GDPR）被广泛认为是近20年来全球隐私与数据保护领域影响最为深远的立法实践，提出了大数据时代个人数据保护的新秩序愿景。《通用数据保护条例》有着较宽泛的适用条件，确定了欧盟具有长臂管辖的权力，明确了个人信息的范围、信息主体权利、信息控制者的问责机制、较重的处罚力度，凭借欧盟的数字市场体量及其立法的示范意义，对全球范围内的个人信息保护产生了重要影响。《通用数据保护条例》标志着欧盟在个人信息保护方面建立起全面且严格的法律规范，体现了欧洲传统的重视隐私保护的文化。

但是，就《通用数据保护条例》的实际运行效果来看，其对欧盟数据要素市场和数字经济的发展究竟起了何种作用仍存争议。《通用数据保护条例》本应作为一部披着基本权利保护法外衣的经济立法，服务于欧洲统一数据市场需要；② 然而，其在试图均衡经济发展与社会监管的过程中仍存在一定的失衡和价值困境，③ 加之这种强监管模式同时也极大地提高了企业的合规成本，增加了监管机构的执法压力，最终导致欧盟需要再行立法以支持数字经济发展、促进数据流通与价值创造。④ 2020年以来，欧盟相继推出《数字市场法》《数字服务法》等法律，意图在扮演好针对部分大型平

---

① 王蒙燕：《我国数据要素统一大市场构建的问题与对策》，《西南金融》2022年第7期。
② 高富平：《GDPR的制度缺陷及其对我国〈个人信息保护法〉实施的警示》，《法治研究》2022年第3期。
③ 参见金晶《欧盟〈一般数据保护条例〉：演进、要点与疑义》，《欧洲研究》2018年第4期。
④ 参见庞琳《数据资源的国家所有：权属反思与重构》，《北京行政学院学报》2022年第5期。

台企业的"守门人"角色增强监管的同时增强数字共享,以发展数字市场。2022年4月,欧盟批准了《数据治理法》,提出数据共享服务的提供者(数据交易中介)将在数据经济中发挥关键作用,能够促进数据要素的聚集和流通,并促成数据所有者和利用者之间的数据资产交易。2022年3月,欧盟委员会公布《数据法案(草案)》,提出企业间数据共享、个人数据访问、云转换等规定,以确保数据环境的公平性,为数据驱动创新提供机会。

三 美国:维持领先地位,鼓励创新发展

美国数字经济起步较早,在数字技术和数字经济体量上都处于世界领先水平。总的来说,美国在数字经济及数据要素问题上始终坚持数据开放与自由流动的基本原则,并主张尽可能减少对数据跨境流动的限制。① 在立法结构上美国也体现出联邦与州两个层级与一般立法、特殊群体立法和反不正当等领域专门立法三类的"两层三类"特征。② 例如,加利福尼亚州的州法律《加利福尼亚州消费者隐私法案》及其后续修正案《加利福尼亚州隐私权法》在世界范围内广受关注,这正是由于加州所集中的大量互联网公司在世界上的重要地位;在联邦层面上,《隐私权法》《电子政务法》《儿童在线隐私保护法》《电子通信隐私法》及《联邦贸易委员会法案》等法律法规也从不同角度对数据要素相关问题进行了规范。

在立法中,美国的倾向是为数据交易提供相对宽松的监管环境

---

① 张正怡:《数字贸易规制构建及中国的因应》,《江淮论坛》2022年第1期。
② 参见沈伟、冯硕《全球主义抑或本地主义:全球数据治理规则的分歧、博弈与协调》,《苏州大学学报》(法学版)2022年第3期。

以促进其发展。针对数据权属，为推动数据流通及商业价值释放，美国在立法上较少对其进行规定；在司法中，法院一方更加重视企业作为数据处理者在数据经济和产业中的促进作用，往往根据数据利用和流通对市场的价值变通适用数据规范，以为市场留出更大空间。① 微观上，美国数据规范主要通过针对特定主体和具体行业的自我规范和行业自律构建复合隐私保护体系。② 自由市场下的分业规制是美国在数据权属保护立法和司法上的态度指向。美国分别在金融、未成年人保护和医疗健康等领域建立了相应的数据规范。在州层面，各州陆续建立起以《加州消费者隐私保护法案》为代表的数据保护规范。③ 然而，增加规范密度仍不足以掩盖美国充分尊让市场主体经营行为和维护市场自由的价值指向。

不过，由于数据安全风险与日俱增，美国近几年也频繁推出一系列联邦或州层面的立法，对数据流通中可能产生的网络安全、隐私保护等风险进行监管。2022年6月，美国众议院和参议院商务委员会的主要成员联合发布《美国数据隐私和保护法案》草案文本，这是首份获得两党、两院支持的美国联邦层面规制私营部门的综合性隐私保护法草案。该法案的主要内容包括：提出了"忠诚义务"的概念；进一步加强了对儿童和青少年的个人数据保护；针对"大型数据持有者"设立了相应的数据合规义务等。

同时，美国各州还积极针对快速发展的物联网、人工智能等领域做出相应和革新，出台网络安全专门立法。例如作为美国信息产业较为发达的区域，加利福尼亚州《IoT设备网络安全法》于2018

---

① 参见刘新宇《大数据时代数据权属分析及其体系构建》，《上海大学学报》（社会科学版）2019年第6期。
② 参见张黎《大数据视角下数据权的体系建构研究》，《图书馆》2020年第4期。
③ 参见冯哲、胡海洋《新技术带来的传统生产要素权利保护与数据权利构建问题》，《上海法学研究》2021年第1期。

年 9 月 28 日由州长批准，并于 2020 年 1 月 1 日起生效实施，该法案针对物联网应用提出个人信息保护规范的基本要求，聚焦于设备安全与隐私保护，重点在于从物联网设备安全技术基本标准来保障数据安全，对物联网应用提出了安全、隐私和可信三项基本要求，以立法的形式为物联网应用健康有序发展制定了统一规则。

第三章

数据要素市场化的法治需求与理论分析

2022年6月22日，中央全面深化改革委员会第二十六次会议审议通过《关于构建数据基础制度更好发挥数据要素作用的意见》，再一次点明了数据基础制度在数据要素市场化进程中的重要性。习近平总书记在主持召开此次会议时强调，数据基础制度建设事关国家发展和安全大局，要加快构建数据基础制度体系。未来，数据要素的获取、处理、交易、利用以及收益分配等行为都需要有法可依、有规可循；数据要素乃至数字经济发展从宏观的战略和政策转化为具体实践的过程中也要依托相应的法律制度体系。总的来说，我国在数据要素市场化体制机制建设方面还需要解决数据产权不明、公共数据开放水平较低、数据流通不畅和数据定价机制不清晰及如何兼顾数据安全等问题。

第一节　数据产权

一　需求提出

"产权"的概念来源于经济学，是新制度经济学研究的中心命题。[①] 产权明确规定了人们如何从中受益或者可能的损失，有利于保护人们的合理期望。[②] 经济学理论认为，产权被视为一系列权利束（a bundle of rights）且可以被分割。[③] 完备的数据资源产权机制，

[①] 罗必良：《科斯定理：反思与拓展——兼论中国农地流转制度改革与选择》，《经济研究》2017年第11期。

[②] See Harold Demsetz, "Toward a Theory of Property Rights", *The American Economic Review*, Vol. 57, No. 2, 1967.

[③] 曹春方、张超：《产权权利束分割与国企创新——基于中央企业分红权激励改革的证据》，《管理世界》2020年第9期。

是激励数据主体增强进入数据要素市场信心、积极参与数据要素市场交易、有序开展数据处理活动的基础，也是大数据交易市场开展数据交易、进行数据要素定价和在收入分配中充分体现数据要素价值的前提。① 实现数据资源合理流动、充分利用和有效保护需要首先解决好数据产权问题，完善相关制度设计。

可以说，数据的权属问题如果得不到有效的解决，就无法作为影响数字经济乃至整个市场经济运行的关键生产要素发挥作用、产生价值。② 然而，目前无论是理论研究还是司法实践，都未能对数据确权问题形成统一、有效的回答。有观点尝试创新适用物权法理论，在数据上构建一种新型的无体财产权；③ 有观点建议适用合同法理论，否定数据的客体地位及其财产性；④ 理论与实践中亦有通过知识产权法体系对数据进行保护的案例；⑤ 此外，还有适用《反不正当竞争法》《个人信息保护法》或综合运用上述法律进行数据确权的尝试，⑥ 亦有观点尝试构建有关数据的"权利束"体系。⑦ 这些研究和实践均在不同程度上回应了数据流通、利用和保护的问题，但并未如预期那样得到全面地"解决实践中所提出的数据权属、保护与利用的问题"⑧ 的答案，数据确权仍悬而未决。数据主体生产者、收集者、处理者与消费者之间具有复杂关系，往往难以

---

① 周辉：《加快数据法治建设 推进数据要素市场化改革》，《中国信息安全》2021年第1期。
② 参见赵鑫《数据要素市场面临的数据确权困境及其化解方案》，《上海金融》2022年第4期。
③ 参见钱子瑜《论数据财产权的构建》，《法学家》2021年第6期。
④ 参见梅夏英《数据的法律属性及其民法定位》，《中国社会科学》2016年第9期。
⑤ 参见冯晓青《知识产权视野下商业数据保护研究》，《比较法研究》2022年第5期。
⑥ 参见韩旭至《数据确权的困境及破解之道》，《东方法学》2020年第1期。
⑦ 参见囯立东《以"权利束"视角探究数据权利》，《东方法学》2019年第2期；王利明《论数据权益：以"权利束"为视角》，《政治与法律》2022年第7期。
⑧ 韩旭至：《数据确权的困境及破解之道》，《东方法学》2020年第1期。

明确其分界;① 数据产权界定不明晰、数据产权交易规则不统一、数据产权保护体系不完善成为明确数据产权的主要阻碍。②

如果数据产权问题不能解决,就会导致一系列"灰色"地带不受规制的行为侵犯个人和社会公共利益的情况。例如,在个人信息处理过程中,目前仍然存在着大量的违规收集个人信息或"合法收集、非法使用"的情形,这不仅损害了个人的个人信息权益,也造成了信息采集秩序的混乱,并对那些严格遵守合规要求的个人信息处理者不利。又如,在对已有数据的利用和数据产品开发使用的过程中,数据权属不明带来了侵权争议等一系列问题,并导致基础数据的公共性得不到有效保障,公共数据时而为私人所侵占。

二 原因分析

解决数据产权问题对数据要素市场的发展至关重要,其实质是回答以下三个问题:一是数据权利属性,即给予数据何种权利保护;二是数据权利主体,即谁应该享有数据上附着的利益;三是数据权利内容,即能明确数据主体享有哪些具体的权能。③ 以上三个问题又可以在具体场景中得到进一步的细化和延申:谁有权收集这些数据?谁有权要求共享这些数据?这些数据是否可以被交易、谁可以参与数据交易?谁在何种情形下可以分析处理这些数据,并将之用于自己的经营或生产生活?这种分析处理是否是排他的?最后,对于数据要素产生的收益,除了直接受益者之外,是否有其他相关方可以主张权利?

---

① 参见余成峰《信息隐私权的宪法时刻规范基础与体系重构》,《中外法学》2021 年第 1 期。
② 参见何玉长、王伟《数据要素市场化的理论阐释》,《当代经济研究》2021 年第 4 期。
③ 彭云:《大数据环境下数据确权问题研究》,《现代电信科技》2016 年第 5 期。

上述有关数据诸多权利的一系列问题将直接关系到不同主体能够使用数据的规模与效率,进而影响到其对数据要素市场建设和参与的积极性。近年来,关于数据产权问题有许多讨论,其重要性和意义也早有共识。产权界定清晰是资源优化配置的基础,但是,目前关于数据产权的规范建设仍存在许多不足,界定数据要素的产权要比界定其他生产要素的产权更为困难。这一问题的形成因素之一是数据相比于其他传统生产要素具有其独特的属性,数据通过权利、商品、控制、状态和集体规范等多种方式被概念化,是一个高度依赖场景或者语境的概念,① 尤其是数据的无形性使得数据缺乏民事客体所要求的独立性,因此无法被权利化。②

与传统的生产要素不同,数据是可以被复制和重复使用的,有关数据的大部分利益更倾向于具有非排他性与非竞争性,具备竞争性的往往是对原始数据进行处理所得出的分析结果,以及分析所用的算法等技术工具,而不是原始数据本身。③ 一个数据处理者对数据进行了处理和利用后,这种处理不仅可以反复为其他主体所复现,数据本身也仍可再作他用,这与不可再生的各种有形资源截然不同。还有,数据在产生和流转的过程中可能会牵涉到多个相关方,同一组数据可能同时涉及国家、社会、企业和个人,且无法对其进行切分以回答诸如"某个字段属于谁"的问题,这就要求在对数据确权问题进行考量时需兼顾国家秘密、商业利益、个人信息安全与社会公众利益等不同需求。

---

① See Abraham R., Schneider J., Vom Brocke J., "Data Governance: A Conceptual Framework, Structured Review, and Research Agenda", *International Journal of Information Management*, Vol. 49, 2019.
② 参见梅夏英《数据的法律属性及其民法定位》,《中国社会科学》2016 年第 9 期。
③ See Katharina Pistor, "Rule by Data: The End of Markets", *Law & Contemporary Problems*, Vol. 83, 2020.

数据在不同的场景下、不同的数据处理者视角下以及不同的聚合程度影响下，其价值可谓天差地别。例如，目前的个人征信业务实践中尝试使用"替代数据"对个人征信情况进行评估，其所使用的数据不仅包含传统的借贷、收支信息，还可能包括消费信息、行踪轨迹甚至是社交媒体记录等，而这些信息在其他领域又可能被用于广告投放等业务，并发挥出不一样的价值；而对于个人来说，这些数据并不具备任何经济价值，而是包含了个人隐私权等其他权益。数据的边际效益亦可能随数据量的增加而递增，[①] 这意味着数据应当在某种程度上"越多越好"。在利用大数据勾勒用户画像、分析用户及市场需求时，如果所使用的数据太过老旧，就将得到与现状千差万别的结论，并有可能误导决策，造成难以估量的损失。此外，就数据规模的意义而言，一个数据处理者拥有的数据越多，它就越可能得出更加准确、更有价值的结论，从而能够更加有效地做出决策，以在市场竞争中取得优势或其他利益。而数据量如果太少，则其分析结果也将完全无法参考或使用，进而意味着数据也失去了其价值。

基于这些难点，目前关于网络数据权属的争议中具有许多迥异的观点，如认为数据属于个人用户，或者属于数据开发者，或是二者共有，或者将数据定义为公共产品。[②] 但是，这些观点都有相应的缺陷，若将数据产权完全归给个人用户，则由于各人对数据利用的认知和态度差异，数据的完整性将可能有所缺失，在影响到一些企业的数据商业活动正常运行的同时，也增加了利用数据所要付出的成本；若数据属于完全属于数据开发者或者企业，则既不利于保

[①] 参见戴昕《数据界权的关系进路》，《中外法学》2021年第6期。

[②] 参见丁晓东《数据到底属于谁？——从网络爬虫看平台数据权属与数据保护》，《华东政法大学学报》2019年第5期。

护个人权益，也不利于促进对公共数据的使用和打破数据壁垒，因为一些企业将不可避免地试图追求将自己所需要付出的数据量降至最低，同时最大限度地控制和垄断数据源；若数据是用户以及开发者共有，如何确定共有的比例和收益的分配也是难以统一操作的问题；将数据认定为公共产品的模式虽然有助于数据流通与共享，但却会对数据开发者的正当商业利益与用户的个人权益都造成损害。①

三　解决思路

在分析上述观点的不足时，同样可以注意到的是，这些不同的权属配置方式也可以解决一些问题，而它们所带来的风险在部分情形下则可以被规避或忽略不计。这也就是说，"扬长避短"式地对数据进行场景化确权，抑或是直接跳过确权的环节对数据处理关系进行规制，也许是可行的。对数据进行确权，其最终目的是构建一种或一系列规则，这些规则应该能够指引数据相关方在不同场景下按照某一种特定的标准或是某些统一的原则进行数据的收集、处理、应用等；同时，各相关方依照这些规则和制度可以明确谁能主张何种权益，或谁可以对这些数据要素应用过程进行控制和限制，正如个人在一些情形下有权拒绝个人信息处理者处理自己的个人信息并可以寻求救济那样。数据确权不只是为了建立一个所谓的"产权制度"，更是为了有效保护和激励各方主体的相关权益，平衡利益诉求，即"数据确权保护的应该是利益而非所有权"。②

主张不优先建立数据确权制度，或至少是不对数据确权作统一

---

① 参见丁晓东《数据到底属于谁？——从网络爬虫看平台数据权属与数据保护》，《华东政法大学学报》2019年第5期。

② 参见唐要家《数据产权的经济分析》，《社会科学辑刊》2021年第1期。

的顶层规定，在学界已有一定的理论研究。如有观点主张跳出传统的财产权体系，以逐步推进、灵活调整的方式来解决确权需求及其带来的问题，将重点放在解决不同主体间法律关系上;① 亦有观点指出，可从数据的多重属性与场景化特征出发确立数据的场景化保护与场景化确权，即通过自下而上的个案化判断来制定规则;② 还有学者指出，数字市场秩序的形成和要素流动并不依赖于要素的明确确权，而是需要通过有效的基础设施设计确保市场生产和流通的安全和秩序。③

通过分析数据产权方面的需求亦可看出，在实质上回应权责划分、收益分配等问题可以在不明确触及产权制度的前提下先行推进数据要素交易流通的实践。之所以对数据确权"避而不谈"，是因为若以顶层规划的方式对数据产权作先行规定，将难以兼顾不同场景和不同数据属性所带来的具体权益保障需求；如果规制过于严格，可能会导致数据要素流通不畅、数据要素市场发展受阻。因此，应当区分不同的数据利用场景，借鉴和参考《个人信息保护法》针对个人信息处理这一过程制定规则的经验，对不同情形下的数据流通和数据使用在保障安全、促进发展等总体原则不变的前提下制定具体规范，并根据实践的经验逐步进行调整，在数据市场逐渐建设成熟的前提下再行归纳和顶层立法，以实现法治框架下用户的个人权益、企业的经济利益、社会的公共利益以及国家安全之间的动态平衡。

---

① 参见戴昕《数据界权的关系进路》，《中外法学》2021年第6期。
② 参见丁晓东《数据到底属于谁？——从网络爬虫看平台数据权属与数据保护》，《华东政法大学学报》2019年第5期。
③ 参见胡凌《数据要素财产权的形成：从法律结构到市场结构》，《东方法学》2022年第2期。

第二节　数据开放

一　需求提出

数据开放主要指的是由政府将所掌握的数据向社会公众进行开放，以促进数据利用、助力社会数字化治理的过程。政府部门由于公共职能的原因收集和掌握了大量原始数据，可以说是公共数据最大的收集、储存、处理和使用者；这些数据具备消费的非竞争性和收益的非排他性两个典型特性，① 显然应作为一种公共物品得到社会有效利用。近十多年来，政府数据开放在各国迅速兴起，并已演变成为全球趋势。我国《促进大数据发展行动纲要》提出，要在依法加强安全保障和隐私保护的前提下，稳步推动公共数据资源开放。《数据安全法》第四十一条规定："国家机关应当遵循公正、公平、便民的原则，按照规定及时、准确地公开政务数据。依法不予公开的除外。"丰富的数据资源若想发挥其潜在效能，取得应用市场优势，首先要做的就是数据开放尤其是政府的数据开放，开放才能创造价值。政府数据开放是推动数据有序流动这一任务的组成部分，同时也是数字法治政府实现数字化治理的题中应有之义。②

在国家大数据战略和数字经济战略的引领下，我国政府数据的开放共享工作已经起步并正在稳步推进，同时还出现了地方政府

---

① See Paul A. Samuelson, "The Pure Theory of Public Expenditure", *The Review of Economics and Statistics*, Vol. 36, No. 4, 1954.
② 金成波、王敬文：《数字法治政府的时代图景：治理任务、理念与模式创新》，《电子政务》2022年第8期。

"先行先试",在政府数据开放领域率先进行立法尝试的现象。但总体上看,我国政府数据的开放共享水平还落后于数据开放发达国家,已经开放的政府数据得到利用的程度不高、利用效果不好,这些都影响着政府数据开放创造价值。①

二 原因分析

应当说,我国的政府数据开放尚处于探索阶段,未形成统一、稳定的政府数据开放、获取、利用和权益保障链条,且存在政府数据开放局部性、随意性、差别性、杂乱性等亟待解决的问题。这既有法治语境下政府数据缺乏清晰的法律界定的因素,也有数据开放效益不高、前景不显著,作为开放主体的各政府机关对数据开放工作的推进动力不足的影响。从目前的数据开放实践来看,在推进数据开放工作的过程中,尚有如下问题需要得到学术层面或制度层面的回应。

第一,数据开放及其后续监管的成本较高。在推进数据开放时,不能不考虑到为了维持数据开发机制的有效运行所付出的各种成本。在数据开放领域,为了能够切实地让社会各方获取到数据,就需要建设和维护一个稳定、安全的数据开放平台,这不仅需要投入大量的人力及物力,还需要相当的制度保障,尤其是我国在建设统一的数据开放平台方面仍有制度缺失;② 另外,各级政府的数据开放规则体系中对相应的监管责任落实程度亦有不足,有时是在机制方面不完善或者监管主体权责不明确,有时则是监管意识缺乏、责

---

① 付熙雯:《数字中国建设中政府数据开放利用政策的优化》,《陕西师范大学学报》(哲学社会科学版)2022年第4期。
② 倪千淼:《政府数据开放共享的法治难题与化解之策》,《西南民族大学学报》(人文社会科学版)2021年第1期。

任边界模糊。① 即使能够实现有效的监管执法,政府内部还需要解决数据开放过程中作为数据责任主体的合规问题:《网络安全法》《数据安全法》《个人信息保护法》等多个法律法规对数据处理活动过程中的安全保护、权益保障做出了较为完整的规制,近期有关数据安全、个人信息保护的一系列案件更是让数据处理合规成为社会各方关注的热点话题。而在数据开放工作中,若牵涉到数据安全和个人信息保护合规,政府无论是在法律上还是在事实上都同样不能豁免于相应的合规义务,这将为推进数据开放工作带来更高成本,变相阻碍了数据更大规模、更大范围的开放。

第二,数据开放顶层设计欠缺。正如上文所述,由于我国政府数据开放政策以地方立法为主,缺乏高位阶、效力统一的政策法规,且并没有形成成熟、高效的数据利用配套政策,致使获取数据的难度大、流程繁杂,数据可利用性差。② 应当说,在国家层面尚未建立统一的数据开放标准之前,由各地政府自行确定数据开放责任范围又未予以必要限制,无法保证数据开放达到理想状态。③ 此外,产生数据的业务部门与负责数据开放的数据管理部门之间亦有可能存在权责不清、协调不畅的问题,各项工作的协同程度在一些地区还未能满足数字化时代的需要。④

第三,数据开放带来不同主体间"数字鸿沟"进一步加大的风险。数据开放的一个主要目标是促进公众参与并赋能社会公众。然而,就像在算法规制领域遇到的"技术黑箱"和老年人、残障人士

---

① 参见陈朝兵、程申《政府数据开放中的监管责任:实践困境与优化路径》,《情报杂志》2019年第10期。
② 参见李涛《政府数据开放的理论内涵、开放进程及治理框架研究》,《江淮论坛》2022年第3期。
③ 孙丽岩:《政府数据开放范围裁量权的法律控制》,《法学家》2022年第5期。
④ 参见江小涓《加强顶层设计 解决突出问题 协调推进数字政府建设与行政体制改革》,《中国行政管理》2021年第12期。

等特殊群体面临的"数字鸿沟"那样,大型企业、中小微企业和一般个人在数据开放过程中所能获得的价值存在严重的不对等。从理论上来说,数据开放的过程可以避免"反公地悲剧"的出现,[①] 因为数据可以被不同主体重复获取和利用,不存在先到者先得的垄断;但是,数据处理与应用的能力越强、数据利用的场景和资源越多,就无疑会从数据开放中获得更多的益处。这可能导致事实上的普惠性与平等性难题,即少部分头部企业或机构从数据开放过程中实现商业利益扩大的同时,大部分社会公众和不具备相应数据处理能力的企业则收获有限;这进而将带来对数据开放的消极态度,并在实质上阻碍政府数据为全社会所有效利用。

三 解决思路

显然,如果将数据开放仅仅作为政府的一项法定义务,那么受制于种种因素,执行数据开放的积极性会严重不足;数据开放所可能带来的风险和影响也令许多行政机关在进行数据开放时顾虑重重,最终影响数据开放的实际效用。虽然中国先后出台了一系列从中央到地方的政策性文件和地方立法以显示对数据开放工作的积极态度,但仅仅有原则上的或者形式上的政府"积极性"并不能从根本上改善数据开放中的难题。

数据开放是一项长期工作,不能一蹴而就,而是需要分级、分阶段推进。上海、浙江等地的公共数据开放法规政策均提出,数据开放工作可以有范围和条件的限制;由此为切入点,可以抓住《"十四五"规划》中的"优先推动企业登记监管、卫生、交通、气

---

① 参见迪莉娅《"反公地悲剧"视角下的政府数据开放研究》,《情报理论与实践》2016年第7期。

象等高价值数据集向社会开放"这一重点,以数据需求为指引,率先推进社会切实所需的公共数据进行开放,从而提高公共数据开放利用效率,① 降低政府行政成本和监管压力,激励各方进一步参与和实施数据开放。

例如,可考虑经过充分的调研考察和技术准备,将网络信息内容管理、电子商务监管等领域的部分数据先行向网络服务提供者按需开放。这样,在建立数据开放制度时,就应当更注重于积极发挥企业的力量,善于利用企业等社会力量推动政府数据开放,提升政府数据开放的质量。相较于一般语境下具有商业价值的数据,电子政务形成的数据仅凭爬取和收集并不能直接带来效率提高等收益,也不能直接用作商业大数据分析。但是,如果企业等社会力量可以对这部分政府数据进行清洗、加工与合理利用,不仅可以提升数据利用者自身的业务运作效率和内部管理水平,还可以更好地落实主体责任;这一激励可能令平台企业为政府数据开放提供动力和保障。同时,这种开放还可以通过社会力量对数据的使用间接地令不具备公共数据处理能力的一般公众获益,在一定程度上减小数字鸿沟;政府甚至可以就此与市场主体合作,为公众使用公共数据提供相应协助。②

无论何种数据开放,都面临着制定包括一般程序、数字产权、监管责任等内容在内的各种规范。在数据开放过程中出现了有关试点开放是否会影响公共数据公平使用权的讨论。但是,如前文已经论述的那样,由于对数据处理能力的不同,要求每一个私主体直接"平等利用"数据在短期内是不现实的。因此,对数据公平使用权

---

① 参见刘佳静、郑建明《公共数据开放利用体系框架研究》,《现代情报》2022 年第 10 期。

② See Andrew Schrockand and Gwen Shaffer, "Data Ideologies of an Interested Public: A Study of Grassroots Open Government Data Intermediaries", *Big Data & Society*, Vol. 4, No. 1, 2017.

的保障应当既注重获取资格的平等又注重实际利用效果的平等。[①]一方面，获取数据的资格和准入条件公开且不带有歧视性；另一方面，能够获取数据的主体平等地获取数据，并在利用数据时受到同等的监管。对于受限开放的公共数据（电子政务数据有相当一部分属于此类），应当同时公示受限开放的依据。另外，在数据开放制度设计中，应当明确参与数据开放工作的主体可以对数据开放工作的范围、程序等提出意见和建议，确保通畅的反馈渠道，通过申请或建议程序体现社会不同群体对于公共数据加以利用的不同诉求。这种反馈渠道制度化可以允许政府根据实践经验与反馈情况及时调整数据开放计划，[②]并在一定程度上加强对数据共享工作的监管。

在数据权益分配方面，对所开放数据的权益处理方式宜以激励各方更加积极地参与数据开放为主，尤其是应当在严格、谨慎的考量下允许政府得到一定的激励，既不导致数据开放陷入盲目逐利的境地，又能保证持续推进数据开放工作的动力，[③]同时保证政府数据能够得到合理的流通和使用。而在监管制度设计上，则要以数据生命周期的全过程管理为主线，将数据质量、数据安全和隐私的保护嵌入到流程管理中，为数据的循环利用打下坚实的基础。[④]

总之，政府数据开放不能消极地将政府数据公之于众，而应考量何种开放模式能够更好地惠及所有数据开放参与方，为各方提供足够的激励，以积极主动的态度进行有利于社会治理和数字经济发展的数据开放工作。

[①] 参见王锡锌、黄智杰《公平利用权：公共数据开放制度建构的权利基础》，《华东政法大学学报》2022年第2期。
[②] 参见王锡锌、黄智杰《公平利用权：公共数据开放制度建构的权利基础》，《华东政法大学学报》2022年第2期。
[③] 参见丁晓东《从公开到服务：政府数据开放的法理反思与制度完善》，《法商研究》2022年第2期。
[④] 迪莉娅：《政府开放数据的监管模式研究》，《情报理论与实践》2018年第5期。

第三节　数据交易

一　需求提出

数据可以是随着行业的发展和社会生产生活而自发产生的，但如果要发展数据要素市场，就不能只是关注数据量，而是要把数据"用起来"、让数据"动起来"，要让数据为有需要的主体所使用，对其进行分析、处理，再应用于所需求的场景；仅仅存储海量数据而不使用它，不仅不能带来收益，还需要承担相应的成本，且面临着数据贬值的风险。而促进数据流通的一个实现方式就是鼓励数据交易，合理平衡数据主体、数据控制者、数据产业链和社会发展之间的利益，引入合理的市场机制，打通高效的交易渠道，确立公正的纠纷解决规则，以保障数据要素价值的实现。[1]

对数据要素交易参与者可以依照买方、卖方和中介服务提供商进行三类划分。[2] 目前中国各地区的探索方向之一是关注作为中介的数据交易所的建立和运营，发展有吸引力、可信、高效、安全的交易环境，为参与交易的数据和数据产品实现增值，借此打通不同主体间的数据流通渠道。虽然数据交易所在各地纷纷建立，但数据流通状况却不尽如人意；通过交易所进行交易的数据成交量不甚理想，无法反映真实的数据需求和市场发展态势。[3] 例如，有报道称，

---

[1] 包晓丽、齐延平：《论数据权益定价规则》，《华东政法大学学报》2022年第3期。

[2] See Markus Spiekermann, "Data Marketplaces: Trends and Monetisation of Data Goods", *Intereconomics*, Vol. 54, No. 4, 2019.

[3] 参见丁晓东《数据交易如何破局——数据要素市场中的阿罗信息悖论与法律应对》，《东方法学》2022年第2期。

最早成立的贵阳大数据交易所曾期待"未来3—5年交易所日交易额会达到100亿元,预计将诞生一个万亿元级别的交易市场",但近几年全年的交易额均只有数百万元,远不及当初预期。[①]

此外,除了由政府牵头建设的数据交易平台之外,大型企业、行业机构及数据服务商也开展了一些建设自有数据交易平台的探索,如数据堂、京东万象数据服务商城等。这些平台无法直接由法律法规和规章、政策文件等来控制其建设与运营,但它们在运行过程中仍需要以法律手段对准入条件、交易范围、安全监管等进行一定的规范。否则,就会面临数据价格不够透明、交易规则不够健全、公信力不足、"场外交易"存在一定风险、侵犯隐私等问题。[②]数据交易平台的设立不意味着会直接填补数据交易渠道的空白,还可能存在平台本身具有法律风险,为数据交易安全带来风险。

二 原因分析

想要促进数据流通,必须解决数据交易所目前面临的问题,通过以数据交易平台为代表的数据交易中介充分撮合数据供给与数据需求。目前,数据交易平台所面临的问题和应满足的需要集中在如下三方面。

第一,各地数据交易平台存在壁垒,平台间的信息流通和数据转移不畅。由于存在区域性和交易规则不统一,数据交易平台运作过程中产生了数据集中度不高、数据格式和标准不一致等问题,这

[①] 参见罗曼、田牧《理想很丰满现实很骨感 贵阳大数据交易所这六年》,《证券时报》2021年7月12日第4版。
[②] 参见陈舟、郑强、吴智崧《我国数据交易平台建设的现实困境与破解之道》,《改革》2022年第2期。

会显著阻碍全国性数据流通市场的形成,①使"全国范围内的交易平台"仅仅是各自为战,没有发展成为"(覆盖)全国范围的交易平台"。

第二,合规及技术门槛高。由于目前对数据处理过程中的安全保护义务规定较严且个人信息处理需要遵守特殊规则,现有的数据交易技术机制尚难以兼顾隐私保护与流动,②数据流转时的合规义务和合规责任影响交易意愿,数据易手后如何追究个人信息保护等方面可能的法律责任也成为难题。即使各交易方中的一方可以满足数据安全保障、数据流向追踪等的技术需求,另一方仍可能为交易各参与方带来风险;同时,中小平台几乎不可能在信息感知、数据价值评估及其他相关技术方面追赶上大型平台,这会导致中小经营者难以与大型数据主体进行平等交易。③

第三,数据交易平台缺乏监管。与电子商务平台类似,数据交易平台在提供交易中介服务的同时必然也会提供一些有助于撮合和促成交易的服务,同时要制定平台运营规则并借此规范交易方行为。显然,平台既是市场的监管者,也是被监管的对象。④但正如上文所述,因为缺少中央层面有关数据交易平台的统一规则,我国数据交易平台的建设、运营和责任义务等相关标准还很模糊。⑤ 于是,伴随着交易平台"井喷"式的无序增长、诸多乱象出现、相关立法缺失、监管措施滞后,对大数据交易平台监管的法律问题也浮

---

① 参见李爱君《数据要素市场培育法律制度构建》,《法学杂志》2021 年第 9 期。
② 参见冯晓青《知识产权视野下商业数据保护研究》,《比较法研究》2022 年第 5 期。
③ 参见王茜《商法意义上的数据交易基本原则》,《政法论丛》2022 年第 3 期。
④ 林镇阳、侯智军、赵蓉、翟俊轶:《数据要素生态系统视角下数据运营平台的服务类型与监管体系构建》,《电子政务》2022 年第 8 期。
⑤ 参见王蒙燕《我国数据要素统一大市场构建的问题与对策》,《西南金融》2022 年第 7 期。

出水面。①

三 解决思路

广义地讲，要促进数据交易，所需要构建和完善的制度是多方面的。保障数据权益、促进政府数据开放、完善数据定价机制和数据安全保护等制度都可以刺激交易并充分发挥数据主体参与交易的积极性。②本章其他部分已经或即将对上述部分作阐述，如在数据产权问题上聚焦于建立具体的、场景化的权益保障机制，推进政府数据开放及完善现有的数据安全制度从而满足需求等；此处将主要讨论如何发挥数据交易平台的功用和价值，更好地赋能数据交易平台来促进数据交易市场的发展。

从信息沟通角度来说，数据交易是数据流通利用实现经济价值的重要渠道，而数据交易平台则是数据市场中为数据需求方和数据供给方提供联系的纽带，对于规范数据交易活动、促进数据产业发展具有积极、重要的现实意义。成熟的数据交易市场应当是平台化、规模化和产业化的，未来数据交易平台将会成为数据市场信息沟通的核心主体。因此，应当考虑从以下方面构建和完善数据交易平台相关制度，推动交易环境的改善和平台的多角色参与。

第一，数据交易市场需要打通供给，不仅要发掘和允许更多优质数据源参与交易，也需要更多数据产品，例如精细化的数据增值服务、数据衍生产品等，为交易参与方提供更多选择。在平台自主制定和实施平台内规则的前提下，可以进一步促进平台的功能拓展

---

① 张敏：《大数据交易的双重监管》，《法学杂志》2019年第2期。
② 参见王琤《数据交易场所的机制构建与法律保障——以数据要素市场化配置为中心》，《江汉论坛》2021年第9期。

与再造，① 使其除了单纯的撮合交易与维持交易秩序外，还可以具备数据安全评估、提供监管协助、整合信息、实现平台间互联等作用。

第二，应当完善对平台进行监管和调控的顶层设计。一方面，从促进平台功能优化、吸引数据相关方参与交易的角度，应当通过制度建设使平台内交易比场外交易具有更加安全可靠的优势，尤其是在数据安全保障、交易环境的可信度等方面，如此才能吸引更多交易参与者入场。当然，数据交易平台还应当发挥其作为中介进行联络沟通的作用，提高数据交易效率，从另一个方向鼓励数据处理者积极进行交易以发掘自身所掌握数据的价值。另一方面，从对平台实施统一标准监管、打通各地交易平台壁垒的角度，可以加快建设"互联网＋大数据＋云计算＋政府监管"的系统工程，畅通数据交易平台、服务机构、行业协会及广大网民等主体参与监督的线上线下渠道，构建以政府为主导、以市场为主体、民众广泛参与的"三位一体"监管体系。② 考虑到目前数据交易平台主要由政府牵头建设，平台间打破信息壁垒进行互联互通的实现可能性应当高于一般的电子商务平台，这可以进一步促进交易效率的提高。此外，还可以参照电子商务平台以平台内规则对网络交易行为进行规制的路径，建立既包括法律法规又包括平台内规则的数据交易规范，在以监管部门规制数据市场秩序之外也鼓励平台建立自我规制体系，在平台的配合下完善市场准入、交易行为、市场竞争等方面的规则，实现数据交易行业的自我规制、自我管理和自我支配。③ 这种模式也即数据交易平台自律监管与政府部

---

① 参见徐玖玖《从"数据"到"可交易数据"：数据交易法律治理范式的转向及其实现》，《电子政务》2022年第12期。
② 孔艳芳、刘建旭、赵忠秀：《数据要素市场化配置研究：内涵解构、运行机理与实践路径》，《经济学家》2021年第11期。
③ See Bryan A. Garner, *Black's Law Dictionary* (Ninth Edition), Thomson West, 2009.

门行政监管并行的"政府—平台"双重监管体系,[①] 既从政府层面保证监管原则和标准的一致性,又从平台角度根据不同的数据交易场景进行灵活变通;在此过程中,还可以将数据交易案例相关信息进行进一步收集和利用,通过对具体案例的借鉴与复盘探索数据交易和流通各环节的制度完善进路。

第三,分区域推动数据交易先行先试。仅仅成立各式各样纷繁迥异的大数据交易所无法形成可推广的普遍性数据交易经验,应通过不断的区域性试点试错,探索可市场化、可规模化、可持续化的数据产品交易模式,破解数据要素流动中不会共享、不敢共享、不愿共享等问题。如浙江省在温州建设"中国数安港"试验区,组建数据安全合规管理委员会、数据安全合规专家委员会及数据安全合规工作组,形成一套数据安全合规政策体系。"数安港"试验区以浙江省大数据联合计算中心与浙江省大数据交易中心搭建行业性数据交易平台和区域性数据交易场所,营造数据交易的可信可监管环境,为全国数据要素市场化配置改革做出了先行示范。区域性试点立足于数据要素市场发展的实际需求,可以更好展现数据交易的可行路径,对发现的问题也可以及时进行调整和改进,能够为建立更加成熟完善的数据交易平台提供参考。

第四节 数据垄断

一 需求提出

应当说,与其他传统行业的垄断一样,数据垄断会对数据要素

[①] 参见陈华、李庆川、翟晨喆《数据要素的定价流通交易及其安全治理》,《学术交流》2022年第4期。

市场、数字经济体系产生相当大的危害，潜在风险甚至胜过传统行业的垄断。例如，"赢家通吃"涌现和信息壁垒初现，"掐尖"式并购、算法共谋和大数据"杀熟"等数据垄断行为时有发生。对于数据主导型企业，数据垄断会破坏市场的公平竞争秩序，重要数据的垄断更是存在危害国家安全、公共利益和侵害个人隐私的风险。[①] 在一些情形下，数据垄断在平台企业资源集中和算法技术的帮助下，可以形成所谓"双轮垄断"，即平台利用基础核心服务能力形成的流量优势、数据集中优势等，通过运用"杠杆"推动平台垄断地位延伸到其他领域，从而在多个新领域形成第二轮垄断的现象。[②] 进一步地，有观点担忧，数据大量汇集至大型平台等主体，事实上会令其拥有数字霸权、成为权力主体[③]，这将导致平台影响下的"监控社会"与"数字独裁"。[④] 因此，需要结合数据竞争特点，多元施策、综合治理数据垄断，更好实现数字经济规范健康发展。

二 原因分析

数据垄断问题已经引起多方关注，被认为是阻碍数字经济创新的重要因素。目前形成和导致数据垄断主要有以下三方面的深层次原因。第一，竞争加快带来对数据更多的需求，并影响数据流转。由于数字经济市场中竞争加快，市场主体不得不以更快的频率接收数据反馈，并越来越频繁地根据数据作出决策。竞争节奏加速有助

---

① 张可法：《共享价值视域下数据交易与法律规制》，《西北民族大学学报》（哲学社会科学版）2022年第4期。
② 李勇坚、夏杰长：《数字经济背景下超级平台双轮垄断的潜在风险与防范策略》，《改革》2020年第8期。
③ 即一种"私权力"，参见周辉《技术、平台与信息：网络空间中私权力的崛起》，《网络信息法学研究》2017年第2期。
④ See Yuval Noah Harari, 21 *Lessons for the 21st Century*, Jonathan Cape, 2018.

于更快实验试错实现高效创新、更快淘汰低效市场主体、更快优化资源整体配置,但也存在市场主体过度偏重短期利益、市场主体加速两极分化,而这种竞争加速所带来的负面后果之一就是企业不愿将自己掌握的数据,尤其是时效性较强的数据与他方分享,造成一定程度上的数据垄断。

第二,数据资源争夺更容易形成"赢家通吃"。数据要素天然具有非竞争性和规模效应,在流动和集中利用时提供更高的回报。在合法合规前提下推动数据要素合法流动和集中利用可以促进数据要素红利的最大化发挥。数据要素市场的发展和数据驱动并购的增加是市场机制推动数据流动和集中利用的体现。与此同时,不受制约的数据流动和集中不仅无法提升经济运行效率,还会对消费者利益和社会公共利益造成损害。以数据密集的互联网行业中多见的"掐尖"式并购为例,相比旨在释放数据红利、提高竞争能力的依法并购集中,这类并购的主要目的是尽早整合、排除具备先进技术或商业模式的中小规模初创竞争对手。只有发起集中者通过维持自身地位、消灭竞争对手而获益,经济效率、消费者利益和社会公共利益都因创新遭"掐尖"而受损。治理数据垄断可以通过实施《反垄断法》和相关制度,确保数据要素在促进经济效率、维护消费者利益和社会公共利益的前提下依法流动、集中。

第三,数字技术也为构筑信息壁垒提供了可能。数据流动的高效性和低成本与数据处理的技术性与复杂性并不矛盾。一方面,市场主体内部和主体之间能够高效、低成本地实现数据流动,甚至是实现足以构成限制、排除竞争的协同行为的数据流动;另一方面,市场主体能够有效避免外部其他主体知晓其数据处理活动的事实细节,特别是关系到法律分析和评价的技术细节。数据因此构筑起"定向"的信息壁垒。无论是壁垒内部的数据流动,还是壁垒内外的数据不流动，都有可能促成《反垄断法》下的违法行为。通过数据和复杂的数据处理算法实施算法共谋可能构成垄断协议，避免监管机关和个体用户知晓包括定价算法在内的数据处理细节为实施大数据"杀熟"提供了便利。

三 解决思路

显而易见的是，加强数据垄断综合治理需要发展数据流通交易的规则体系和市场体系，因此在本书其他部分已有论述的各种有助于构建完善的数据流通交易规则、促进数据要素市场充分发展的思路依然可行。在此基础上，对打破数据壁垒还有如下可供参考的思路。

第一，加强数据垄断综合治理需要强化基于全过程的数据监管和执法能力。更好地将数据融入生产、流通、消费等经济运行各个环节，需要把数据垄断的治理能力覆盖到经济运行的各个环节。数据驱动行业发生的违法集中和"掐尖"式并购，要求针对数据垄断的治理能力辐射到市场主体的初创阶段。数据构筑的信息壁垒以及相应催生的共谋、"杀熟"等行为，要求针对数据垄断的治理能力穿透到具体的数据处理行为。因此，需要建设必要的监管平台，动态监测数据交易市场要素流动态势，严格守护《反垄断法》红线，建立健全数据要素登记及披露机制，增强企业责任，打破"数据垄断"，促进公平竞争。针对反垄断的重点领域和重点主体，通过依法合作展开协同治理，试点推进数据对接、沙盒治理、实验治理等数据驱动的敏捷监管和执法措施。全过程的数据监管和执法能力是"面"和"点"的有机结合，共同保障数据垄断治理的有效实施。

第二，加强数据垄断综合治理需要深化《反垄断法》将数据纳入垄断行为的分析。《反垄断法》修改后，明确规定经营者不得利用数据达成垄断协议，不得利用数据滥用市场支配地位，也不得利用数据实施特定的经营者集中。算法共谋、大数据"杀熟"、"掐尖"式并购等涉及数据的限制、排除竞争的行为，因此已经被明确列入《反垄断法》规制范围。未来需要深化对数据纳入垄断行为分析的研究。首先，需要厘清利用数据达成垄断协议的构成要件，准确判断不同经营者利用数据和算法生成彼此相关的价格和交易条件是否构成垄断协议。其次，需要细化数据经济下滥用市场支配地位的分析方式。欧盟委员会在2018年谷歌反垄断案中适用"小而显著且持续的质量降低"标准，判定谷歌在全球移动应用系统市场的支配地位，具备一定参考价值。通过将数据视为质量维度之一，可以适用这一标准分析数字经济经营者是否具有市场支配地位。最后，需要将数据纳入经营者集中审查，基于经济分析，科学阐明数据要素集中对市场控制力、市场进入和技术进步等因素的影响。

第三，加强数据垄断综合治理需要形成《反垄断法》和其他数据相关立法整体实施的合力。《个人信息保护法》第四十五条第三款规定"个人请求将个人信息转移至其指定的个人信息处理者，符合国家网信部门规定条件的，个人信息处理者应当提供转移的途径"，客观上存在促进数据跨主体流动、增强主体间竞争的效果。《个人信息保护法》第二十四条第三款规定个人有权就特定算法获得说明，《互联网信息服务算法推荐管理规定》第二十四条针对特定算法服务提供者建立算法备案制度并已投入运行，这些规制共同要求有关经营者打破数据壁垒、向监管机关和个体用户提供更多关于数据处理的细节信息，可以在此基础上，研究推广数字经济领域更多算法的必要性和可行性。未来，需要进一步发挥《反垄断法》和其他数据相关立法的协作效应，在通过依法促进数据流动和信息开放治理数据垄断的同时，化解制度冲突，力求形成网络、数据、信息、算法等不同维度下法律规则特别是平台治理规则综合适用的更大合力。

第五节　数据定价

一　需求提出

就实现数据要素的市场化配置而言，要让数据实现市场化流通，就必须对数据进行估值和定价。数据的经济价值呈现显著的异质性。不同类型的个人数据的经济价值也不同，即使是同一类型的个人数据的经济价值也是因人而异。① 如果交易各方之间不能对数据的价值形成一致的认识，交易就无公平可言，也无法持续：若数据提供方认为数据价值高而自己得到的对价过低，会影响其提供数据的积极性；若数据接收方认为原始数据的价值低而自己支付的对价高，则会导致数据要素市场无人问津，市场交易遇冷。中共中央、国务院印发的《关于新时代加快完善社会主义市场经济体制的意见》提出，在加快培育发展数据要素市场方面应当做到"要素价格市场决定、流动自主有序、配置高效公平"，可见数据定价的重要性。

---

① See Nokkala T., Salmela H., Toivonen J., "Data Governance in Digital Platforms", *AMCIS 2019 Proceedings*, 2019, https：//aisel. aisnet. org/cgi/viewcontent. cgi? article = 1368&context = amcis2019., 2022 - 10 - 22.

二 原因分析

目前对数据定价的研究大多从经济学角度出发,尝试构建或通用或有针对性的定价模型,① 以计算和估计出特定数据量的价格。之所以在经济学的数据定价模型和机制外还需要构建数据定价制度,可从以下几个方面分析原因。

第一,数据在数据要素市场上交易,不可避免地也会存在市场失灵的风险,数据壁垒、数据垄断等各种问题都会影响数据价格机制,导致交易的不公平。我国服务型政府的定位要求政府在价格调控中有效履行职能,对价格违法行为的监管,尤其是新产业业态的监管,政府不能缺位。② 这首要解决的就是传统价格违法行为如何在数据交易市场中被重新认定的问题。例如,"哄抬价格""价格欺诈""变相提高或压低价格"等情形是否适用于数据要素交易?若对数据价值和价格作场景化、类型化区分,能否认定"低价倾销""价格歧视"或牟取暴利?如果数据交易参与方认为自己因不合理的定价而受损,应当如何寻求救济?这些问题都需要从制度层面做出回应。

第二,数据本身的价值具有不确定性。数据必须进行加工和分析才能产生价值,未经加工的海量数据价值量是很低的;因此,市场主体必须具备处理、加工、分析所获得数据的能力才能发掘其中的价值,这就使数据的实际价值在一定程度上依赖于它的使用者,在数据需求小、数据处理能力较弱的企业眼中,数据价值就低;而

---

① 参见欧阳日辉、杜青青《数据要素定价机制研究进展》,《经济学动态》2022年第2期。
② 余凌云研究团队:《论价格违法行为行政处罚制度的修改与完善》,《法治现代化研究》2022年第2期。

对有能力聚合大量数据进行处理的企业来说，它的价值就高。[①] 同样影响数据价值的还有数据交易过程中双方的信息不对称：由于数据不像传统资源那样可以"验货"，数据交易中的买方并不能准确地知道作为交易标的的数据能在多大程度上满足自己的需求；而由于上述数据处理能力及数据价值的不确定性，卖方同样不能准确地估计买方对数据价格的预期。[②] 而数据定价制度需要考虑到这种价值的不确定性和差异性，即同一数据面对不同的需求方时价值可能不同，定价也就有可能不同。

正如传统商品市场的定价机制由市场决定但也离不开宏观经济制度和微观规则规制一样，数据要素在市场化定价的过程中，无论是否应用、应用何种模型，都应当遵循法律法规和政策设定的某种定价规则体系，并接受一定的监督和管理；数据交易市场也需要"看得见的手"和"看不见的手"同时发挥作用。数据定价制度应当与监管机制共同发挥作用以防范和解决数据要素市场中可能存在的市场失灵问题，保障数据要素交易的公平性，回应数据交易方的权益保障需求；还要鼓励对具体定价机制的探索和实践，进而发掘数据的价值。虽然定价制度不能直接解决上述问题，但可以为定价模型的运作和其法律价值留出空间，从而形成行之有效的定价估值模型或培育出高效率的第三方定价核算服务。

当然，对数据定价制度的需求并不等于要直接发明一套基于法学理论的定价模型。数据要素既然已成为一种可交易、可市场流通的"资源"，对其价格与价值的确定就仍应按照市场经济的逻辑进行，尊重市场规律，发挥市场在资源配置中的决定性作用——

[①] 参见熊巧琴、汤珂《数据要素的界权、交易和定价研究进展》，《经济学动态》2021年第2期。

[②] 参见李清逸、罗敬蔚《数据价值链视角下数据要素定价机制研究》，《价格理论与实践》2022年第3期。

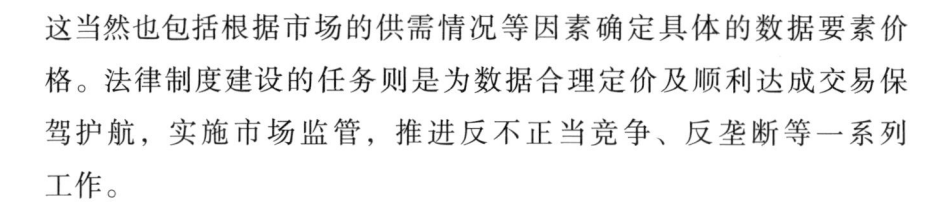

这当然也包括根据市场的供需情况等因素确定具体的数据要素价格。法律制度建设的任务则是为数据合理定价及顺利达成交易保驾护航，实施市场监管，推进反不正当竞争、反垄断等一系列工作。

三 解决思路

结合上述主要需求来看，在数据定价制度建设过程中应当重点作如下方面的考虑。第一，要针对数据要素市场的特殊性，探索建立数据交易市场中的价格监测、评估和纠正制度。畸高或畸低的定价都会损害数据交易市场的健康发展，应积极探索多样化、符合数据要素特征的定价模式和价格形成机制，而对数据交易市场的监管在原则上应与线下市场监管具有类似的原则和导向。在《价格法》的基础上，应当考虑将数据要素市场的数据价格纳入监管范围，避免数据要素价格与实际严重偏离；但是，在这一过程中，要考虑传统价格监管原则、违法情形和执法方式的变化，实现价格监管的转型。尤其是，《价格违法行为行政处罚规定》已有12年未经修订，其中的部分条款相对于执法实践而言，出现了时效性和适应性不足等问题。[①] 总的来说，要将价格监管和违法情形置于数据要素市场的语境下进行重新审视，并予以适当的调整。

第二，应通过制度对数据定价过程中的技术应用进行鼓励，并推动有关数据资产估值体系的国家标准、行业标准的制定和出台。这一目的也是遵循"平衡发展与安全"原则的体现。数据定价技术的发展和第三方定价服务尚在形成过程中，目前我国各数

---

① 余凌云研究团队：《论价格违法行为行政处罚制度的修改与完善》，《法治现代化研究》2022年第2期。

据交易渠道并未形成统一的数据定价机制，也未对数据定价问题形成共识。贵阳大数据交易所、上海数据交易中心等地分别采用了包括固定定价、自动计价和实时定价在内的第三方定价模式以及包含拍卖定价、反馈性定价和自由定价等机制的协商定价模式，① 这些定价模式目前仍各有优劣，强制确定其中一种或数种方式的合法性并不能有效促进定价机制的探索。可以在划定定价公平公正、兼顾各方需求等原则的基础上，允许交易各方自愿选择定价模式，并依托交易平台在定价机制选择无法达成一致时寻找解决方案。

总的来说，价值评估与价格制定策略本身并不是一个法律问题，无法也不应由法律来"指定"数据要素市场的价格该如何确立。建设数据定价制度，在法的意义上，归根结底是保证定价机制顺利运行、对价格自发调整过程中产生的问题进行监管以及以制度方式确认其他体系的法律价值（即合法有效）。

第六节　数据安全

一　需求提出

安全是发展的前提，也是数据主体信赖数据处理的基石。② 根据《数据安全法》第三条，数据安全是指通过采取必要措施，确保数据处于有效保护和合法利用的状态，以及具备保障持续安全

---

① 参见欧阳日辉、龚伟《基于价值和市场评价贡献的数据要素定价机制》，《改革》2022年第3期。

② 周辉：《加快数据法治建设 推进数据要素市场化改革》，《中国信息安全》2021年第1期。

状态的能力。数据安全主要包括两方面：一是指数据本身的安全，一般采用现代密码算法等技术对数据进行主动保护；二是指数据防护的安全，通常采用现代信息存储等手段对数据进行主动防护。①

考虑到各种数据对公民人身和财产、社会公共秩序与公共利益以及国家安全等领域的威胁，对数据安全和网络安全事件绝不能事后才考虑如何补救，而是必须未雨绸缪，提前防范，这就对立法、执法和守法合规工作提出了很高的要求。随着数据要素价值不断发挥，"数字产业化"和"产业数字化"的市场发展趋势不可避免，这促使着社会公众、市场主体和政府机关都不能通过对数据"束之高阁"的办法保证安全，而是要在利用的同时做好动态安全保障。在现代化治理活动中，法律规制技术风险的线性监管逻辑无法真正回应和解决不断涌现的新型信息技术难题。因此，治理科技作为兼具业务合规和风险控制的技术方案，毋庸置疑地成为市场主体和监管机构的另一种选择，②也催生了近期以隐私计算为代表的数据处理技术的一波热潮。然而，具体有关数据安全的技术选择、技术应用以及技术和法律应当如何结合，仍然需要理论、制度和实践给出回应。

二 原因分析

越来越高的数据安全防护需求也在影响着数据要素市场的构建。数据要素市场进一步完善必然意味着数据的流通加快、流动规模增大、交易频次显著上升；这可能会导致个人、商户等一些数据生产

---

① 管晓宏、沈超、刘烃：《数据安全是网络空间安全的基础》，《中国网信》2022年第3期。
② 赵精武：《破除隐私计算的迷思：治理科技的安全风险与规制逻辑》，《华东政法大学学报》2022年第3期。

者失去对自身数据的控制，追责难度也相应提高。另外，数据要素价值得到发掘也意味着进行网络攻击、窃取和破坏数据或数据系统的收益增大，这会吸引一些不法分子铤而走险。随着数字技术的更新迭代，数据安全防护也会产生一些漏洞。[①]

进一步考量数据安全与技术的关系，可以发现，数据安全的实现是一个法律与技术相结合的过程，是否能够通过技术应用满足数据安全保障和能够提供多高水平的数据安全保护，直接影响着主体参与数据要素流通的可能性。在多个企业或特定企业的多个部门中，数据安全问题正如"短板理论"那样影响着整体的效益：只要有一个数据处理者不能满足数据安全要求，数据就无法在这几方之间顺畅流通，一者的数据安全风险将辐射所有相关方。最终，为了控制风险，必然的结果是要么降低数据处理的程度、放弃一些对数据安全要求较高的项目，要么将不能满足需要的一方踢出合作关系；这两种情况都会显著影响到数据的流通及其价值的释放。鉴于本书其他部分将讨论数据安全合规、数据安全监管执法等问题，本节将主要针对数据安全技术及其相关制度进行讨论。

在新技术新应用新业态不断涌现的情况下，数据环节不断增多，数据流动路径更为复杂。数据技术的不断发展更新也使得安全边界模糊、数据通信成为安全脆弱点、新技术多方面引入新漏洞、用户数据隔离困难，数据安全正面临较大的现实挑战，因而产生了合规科技研发应用的重要需求。合规科技最早发源于强监管的金融行业，旨在提升监管有效性、提高合规效率及降低合规成本。将合规科技应用到数据安全保护领域，会产生数据利用与数据安全保护更好融合的动力，鼓励将法律规定抽象的数据处理规则与具体的业务

---

① 参见卢黎歌、李婷《我国数据要素统一大市场构建目标、存在问题与对策分析》，《理论探讨》2022年第5期。

场景相联系起来，令技术理性与制度理性结合产生的"技术正当程序"成为主导，①同时影响着技术和制度的变革。

但目前中国的制度体系中对技术的法律价值还未作普遍、明确的认定，部分现有标准又较为严格，这使得采取技术手段究竟在多大程度上能够满足监管要求并豁免自身责任悬而未决。例如，关于个人信息的处理，存在"去标识化""匿名化"等不同标准。《个人信息保护法》虽然在其规定中鼓励技术创新及应用推广，但却在第五十一条中将"去标识化"仅视为一项安全措施，令去标识化的个人信息无法因风险的变化而豁免规制，实际上构成了一种"个人信息—保护"和"匿名化信息—不保护"的二元格局。这不仅削弱了处理者去标识化和研发隐私计算的动力，更极大限制了个人信息共享的空间。②而若对个人信息进行符合现行要求的"匿名化"处理，就将对原有信息造成极大的价值减损，在各类实际应用场景中将导致数据失去分析和应用的意义。

三 解决思路

从技术与法律相结合的角度来说，除就数据安全合规义务进行硬性的立法与执法外，还应当建立起恰当的激励制度以推进数据安全合规技术研发和应用，并积极培育第三方认证评估检测服务市场。

在发展合规技术与合规评估时，应当注意以下几点。第一，无论数据合规评估工具如何使用，合规科技本身仍需要直面技术运行和数据处理一线，通过控制并纠偏业务活动，确保真合规、动态合

---

① See Citron, Danielle Keats and Frank Pasquale, "The Scored Society: Due Process for Automated Predictions", *Washington Law Review*, Vol. 89, 2014.
② 许可：《诚信原则：个人信息保护与利用平衡的信任路径》，《中外法学》2022年第5期。

规。第二，数据处理活动应用隐私计算等技术，即便提高了安全性，也并不必然合规。合规既包括安全，又高于安全。数据在一个环节中的安全流动，很可能会被用于包括诈骗在内的非法目的。需要立足具体场景和环节，以相关法律要求为尺度，评价隐私计算的可预性、可用性、可靠性。第三，数据处理合规科技的实质是"法律+科技"。法律解释应用能力和技术表达执行能力不可偏废。隐私计算技术在数据合规领域"大展拳脚"，离不开与理论和实务界法律专家团队的密切合作。第四，数据处理合规科技是一个系统工程。真正成功的合规科技产品，既要覆盖数据处理全周期各环节，也要与企业的整个数据治理平台系统相融合。

因此，要完善政策机制，为数据处理合规科技创新发展提供支持、指引和激励。第一，要明确将应用合规科技作为企业合规计划、合规管理体系的重要内容。第二，可以基于数据保护一般规范和特别规范，对市场上不同类型的合规技术进行分类评价，为不同类型和规模的企业提供应用指南。第三，结合不同数据安全防护需求场景下技术应用方的需求和主题特点，有针对性地发布数据保护合规创新试点方案，培育可靠合规技术产品，并在充分试点基础上全行业推广应用。第四，结合典型案例，推进数据处理合规科技应用的最佳实践，在进行声誉奖励激励同时，明确行业标准。

另外，作为技术发挥作用、产生价值的支撑，第三方认证评估检测服务也应当成为数据安全保障体系的重要一环，需要建立相应的制度以规范和促进其发展。《网络安全法》第十七条规定："国家鼓励有关企业、机构开展网络安全认证、检测、风险评估等安全服务"；《数据安全法》第十八条提出："国家促进数据安全检测评估、认证等服务的发展，支持数据安全检测评估、认证等专业机构依法开展服务活动"；《个人信息保护法》第六十二条要求"推进个人信息保护社会化服务体系建设,支持有关机构开展个人信息保护评估、认证服务"。可信、权威的第三方认证评估检测服务能够在企业的数据合规及数据要素市场安全保障方面发挥不可或缺的作用,通过数据安全认证促进企业自律合规甚至"超越合规"遵守数据安全;[1] 而就行业本身来看,第三方认证评估服务这一细分领域市场也可以得到长足发展,提高服务供给水平,降低合规成本。科学构建法治化的数据安全认证体制机制,不仅是保障数据安全的现实需要,而且是弥补数字时代政府规制缺陷的迫切需求。[2]

---

[1] See Andrew Hopkins, "Beyond Compliance Monitoring: New Strategies for Safety Regulators", *Law & Policy*, Vol. 29, No. 2, 2007.

[2] 参见刘权《数据安全认证:个人信息保护的第三方规制》,《法学评论》2022年第1期。

第四章

数据要素市场法治化建设的中国实践

在全球经济停滞与新冠肺炎疫情流行的双重压力下，发展以数据为关键生产要素的数字经济成为提高生产效率、降低生产成本、促进经济平稳健康发展的重要路径。对于"数据要素的配置而言，市场化是其发展的必由之路"。① 目前，在数据产权、数据开放、数据定价等关键方面存在的难题，影响了数据要素市场化配置的效率，阻碍了数据要素价值释放。数据交易、数据利用、数据处理等各个环节存在着权益保护不完善、数据滥用、处理不规范等问题，数据跨境活动也因全球竞争格局呈现出碎片化与阵营化趋势，对执法监管活动的有序开展造成了极大的挑战。当前我国数据权利的整合尚处于探索阶段，数据权属及其分配规则也仍未完善，为了保护数据相关主体的合法权益，维护数据要素市场的基本秩序，进一步释放数据要素价值，需要通过科学合理的法治建设，妥善处理法律制度的"定"和数据要素的"变"之间的关系，要以能动的法治助推数据治理创新走向深入，为数据要素市场法治化建设筑牢基础保障。②

第一节 加强权益保护

数据要素市场化的根本目标是人类社会的更好发展，数据要素市场法治化建设应满足社会共同体的价值追求③，并应将多元主体

---

① 宋方青、邱子键：《数据要素市场治理法治化：主体、权属与路径》，《上海经济研究》2022年第4期。
② 参见石佑启、陈可翔《粤港澳大湾区治理创新的法治进路》，《中国社会科学》2019年第11期。
③ 参见刘茂林、王从峰《论宪法的正当性》，《法学评论》2010年第5期。

的各项正当利益保护内容涵摄于其中①。有效保护数据相关主体的合法权益是数据要素市场法治化建设的起点，习近平总书记强调："网信事业要发展，必须贯彻以人民为中心的发展思想。"②《数据安全法》第七条和《个人信息保护法》第一条都选择了将数据相关权益保护置于数据"处理""利用""流动"之前的制度设计，强调"权益保护"的首要地位，体现了中国数据要素市场法治化建设的人民立场。

随着信息领域的新技术、新业态、新模式不断涌现，数据及相关技术的应用领域更加宽广，处理主体和处理场景更加复杂多样，权益保护的任务更加艰巨。在数据的产生、获取和应用日益广泛的同时，数据滥采滥用现象也越发突出。从宏观层面而言，在国家及政府层面所掌握的诸多信息本身属于国家秘密，一旦外泄将会对国家安全、社会发展战略、法律实施等关键领域产生严重威胁，相关责任人亦将面临刑事法律的制裁。从微观层面而言，在我国司法实践过程中，不少企业存在通过侵害公众隐私攫取不当收益的违法行为，此类违法犯罪行为往往涉及受害者数量巨大，且相关涉密信息传播面广、传播速度快，往往难以及时阻断传播路径。同时，数据信息的外泄也会产生诸多衍生的犯罪，例如诈骗类犯罪、非法吸收公众存款等经济犯罪类型，严重侵犯公民的人身及财产权益，社会危害极大。国家先后出台《网络安全法》《个人信息保护法》《数据安全法》《关键信息基础设施安全保护条例》等法律法规保护划定数据要素发展和应用合法要求，并提出要推进公共数据、企业数据、个人数据分类分级确权授权使用。加强权益保护主要在不同类

---

① 任颖：《数据立法转向：从数据权利入法到数据法益保护》，《政治与法律》2020年第6期。

② 习近平：《在网络安全和信息化工作座谈会上的讲话》，《人民日报》2016年4月26日第2版。

别的数据源主体的立场出发，切实回应了相关主体的权益诉求，从而打牢数据要素市场法治化建设的基础。

一　个人数据

对于个人主体而言，《个人信息保护法》围绕个人信息主体的合法权益规定和发展了个人信息权益内容，进一步确认个人信息主体在个人信息处理活动中所享有的知情权、决定权、查阅权、复制权、更正权、补充权，丰富了删除权的场景，创设了个人信息的可携带权；强调与个人权益密切相关的敏感个人信息要"严格保护"；明确了社会反映强烈的胁迫用户同意处理个人信息、"大数据杀熟"和非法买卖、提供或者公开他人个人信息等违法行为的法律责任。目前，《个人信息保护法》对于个人信息主体的权益保护规范已经基本建立，但主要问题在于，删除权、可携带权、敏感个人信息"严格保护"等相应个人信息主体权利不应停留在法律文本上，而应有相应切实的实现路径，2021年11月发布的《网络安全数据管理条例（征求意见稿）》为个人信息处理规则如何集中展示、同意的实现、不得通过捆绑方式诱导强迫同意、提供便捷的支持个人结构化查询途径等实践提供了导向性的路径，在平衡个人信息的权益保护与促进商业发展和创新等方面做出了较好尝试。

二　商业数据

对于商业数据主体而言，从实践上来看，单独个人信息的价值是极为有限的，企业基于商业逻辑处理大量数据而形成的大数据才具有广泛的商业价值和应用价值。与个人数据主体而言，企业有更强的确认排他甚至独占数据财产权和保障数据衍生权益的诉求，如竞争性利益、财产性利益、知识产权等。目前企业数据的概念界定仍不明确，没有专门立法进行解释，关于企业主体的数据权益的规定仍然散见于各个法律之中。

(一)现有商业数据保护规范

《反不正当竞争法》第九条规定了对商业秘密的保护，其中第四款规定，"本条所称的商业秘密，是指不为公众所知悉、具有商业价值并经权利人采取相应保密措施的技术信息、经营信息等商业信息"。《刑法》第二百一十九条规定了侵犯商业秘密罪。除对商业数据以"商业秘密"的路径进行保护之外，现有法律规范还有基于信息系统的数据权益保护，《刑法》第二百八十五条第二款规定了非法获取计算机信息系统数据罪。侵入企业的计算机系统，非法获取公司经营信息、客户订单数据等都属于此类数据。此外，如果企业收集各类数据而整理形成的数据库具有独创性，符合《著作权法》汇编作品的法定构成要件时，企业可以对该数据库寻求《著作权法》上的保护。

(二)从"数据抓取"角度判断获取其他商业主体数据的合法性与正当性

在新浪与脉脉的诉讼中，人民法院经审理后认为，脉脉公司的数据抓取行为违反了商业道德，是一种不正当竞争行为。同样，在"大众点评诉百度案"中，对于百度公司的产品抓取大众点评网积累的消费者点评商户的数据，人民法院认为，百度公司未经许可在"百度地图"和"百度知道"应用中大量使用了来自大众点评网的数据，实质性地替代了原告网站，构成了不正当竞争。在商业数据保护上，主要的问题是如何合理保护商业数据主体的权益，尤其认定企业对从个人或其他各处收集的个人数据"是否拥有权利、拥有何种权利至关重要"。① 只有企业获得在数据方面所应具有的合理权益，才能有利于促进数据利用共享，激励企业继续投入创造更多数据资源并发挥数据的市场价值。值得注意的是，由于商业数据的类型复杂、应场场景过于丰富，难以设计统一适用的法律保护模式。目前中国正在探索部分场景下的商业数据利用，例如，上海数据交易所在"元宇宙大厅"发布一站通金融数据交易板块，支持各类金融数据要素对接；再如，道路测试数据成为支撑自动驾驶产业化的数据基础。在商业数据利用的各类场景中，"保护与利用相辅相成和相互促进"，加强商业数据的合法权益要处理好权利保护和商业利用两者的关系。②

三 公共数据

公共数据主体在依照法律法规要求履行公共职责的过程中往往会收集或产生相关数据。公共数据的开发利用对推进国家治理体系和治理能力现代化、推动数字经济高质量发展、提升政府公共服务水平具有重要意义。目前，虽然在中央层面并未形成统一的公共数据管理、利用的具体制度，但是在地方层面，为落实数字政府建设要求、保障数字政府数据安全，已经有不少省级甚至市级行政区出台了关于"政务数据"或"公共数据"的管理办法，如《重庆市政务数据资源管理暂行办法》《上海市公共数据开放暂行办法》《广东省公共数据管理办法》《安徽省政务数据资源管理办法》《北京市公共数据管理办法》《浙江省公共数据条例》《江西省公共数据管理办

---

① 程啸：《论大数据时代的个人数据权利》，《中国社会科学》2018年第3期。
② 孔祥俊：《商业数据权：数字时代的新型工业产权——工业产权的归入与权属界定三原则》，《比较法研究》2022年第1期。

法》等；也有部分地区专门针对数据安全管理出台了相关规范性文件，如《天津市数据安全管理办法（暂行）》《南宁市政务数据安全管理办法》《阳泉市政务数据安全管理办法》《广东省公共数据安全管理办法（征求意见稿）》。

上述规范内容主要包括：1. 公共数据平台建设。形成专门的公共数据收集共享开放的通道。2. 公共数据收集。应当依法依规收集公共数据，对于涉及个人信息的公共数据不得过度收集，采用技术化收集方法提高效率。3. 公共数据开放。公共数据开放应当遵循依法、规范、公平、优质、便民的原则，按照开放属性分为无条件开放、受限开放和禁止开放数据。4. 公共数据应当以共享为原则、以不共享为例外，应当用于本机构依法履行职责的需要。5. 公共数据安全。加强公共数据全生命周期安全和合法利用管理，防止数据被非法获取、篡改、泄露、损毁或者不当利用。6. 在法律责任方面，对主管部门按照责令限期整改、通报批评；情节严重的，由有权机关对负有责任的领导人员和直接责任人员依法给予处理。

目前各级政务部门在公共数据开放和使用时存在数据质量不高、数据价值低、机读性差、安全风险意识不强、管理体制建设不足等现象。[①] 各地政务数据存在的技术标准不一致、基础设施重复建设等问题，加大公共数据流转的成本，因此，需要进一步推动政务数据平台建设、数据标准实施、数据质量和数据共享开放、数据安全保障等各项规范要求的有效落地，以数字化改革助力政府职能转变。

[①] 参见蒋敏娟、翟云《数字化转型背景下的公民数字素养：框架、挑战与应对方略》，《电子政务》2022年第1期。

第二节　促进合法利用

"数据的价值在于利用，只有利用才能产生价值"，加强数据相关主体权益保护的同时也要保障数据的合法利用。① 合法利用是促进数据要素市场可持续发展的基本要求。在数据的收集与使用往往是不成比例的情况下，② 数据的利用要尊重数据主体的决定权，并通过"知情同意"规则来实现数据主体自主控制数据可否被收集或利用。③

随着公众个人数据保护意识的提高以及相关法规的完善，无论是企业还是其他主体，都在收集、处理个人信息的法律基础上采用了"知情同意"这一合法性基础，并普遍建立了数据收集使用的事前征询机制。"知情同意"原则已经成为数据处理合法性基础的基本原则之一，被大多数法律法规、政策指南、标准文件采纳和确认。

一　同意授权

在同意授权方面，其主要内容包括一般授权形式，即个人通过同意数据处理者的个人保护政策（包含数据利用说明）而进行授权，数据处理者要向个人信息主体详细说明数据处理者处理个人信息的规则，包括数据收集、使用、传输、存储、共享、交换、删除等，保障个人信息主体知情权、决定权的有效实现；个人信息保护政策也是数据处理者获得个人信息主体授权的重要依据，只有在个

---

① 参见王利明《论数据权益：以"权利束"为视角》，《政治与法律》2022年第7期。
② Christopher B. Kuner, "Proportionality in European Data Protection Law and Its Importance for Data Processing by Companies", *Privacy & Security Law Report*, Vol. 17, No. 44, 2008.
③ 参见申卫星《论个人信息权的构建及其体系化》，《比较法研究》2021年第5期。

人信息主体同意该保护政策后,数据处理者才可以收集主体个人信息,同时也可以作为数据处理者约束自身行为和配合相关主管部门监督管理的重要机制。

"同意授权"存在的主要问题为:由于"对数据价值认识的缺陷",同意授权往往流于形式。[①] 用户既无意愿也无能力真实了解冗长的个人保护政策,所以,"同意"难以被认定是用户真实意思的表达。[②] 同时,还存在"一揽子"授权的情况。对于上述问题,应加强个人信息保护政策文本的可视化,个人保护政策的内容应清晰、准确、完整地描述数据处理者的个人信息处理行为。此外,当且仅当处理数据的合法性事由是基于同意的时候,有五类场景需要获得"单独同意"。《网络安全数据管理条例(征求意见稿)》对"单独同意"做了界定,指出"单独同意是指数据处理者在开展具体数据处理活动时,对每项个人信息取得个人同意,不包括一次性针对多项个人信息、多种处理活动的同意"。而目前合规实践的难点就在于对"单独同意"的实现,为了保证单独同意不会给数据处理者及用户带来过重的负担,每类信息的处理都会跳出弹窗。为了避免增添不必要的操作流程,可以使用统一的弹窗,但统一的弹窗需要给每一分类信息的处理留有空间。

二 同意授权的例外

除了一般适用的"知情同意"规则之外,"同意"的例外也成

[①] 蔡培如、王锡锌:《论个人信息保护中的人格保护与经济激励机制》,《比较法研究》2020年第1期。

[②] Balboni Paolo et al, "Legitimate Interest of the Data Controller New data Protection Paradigm: Legitimacy Grounded on Appropriate Protection", *International Data Privacy Law*, Vol. 3, No. 4, 2013.

为数据合法利用的重要的可适用条件。随着数据产生和流通的渠道逐渐增多，"二次利用"的场景在不断增加，对于其中的各种类型的数据，我们很难界定其权属归于哪一主体。[①] 将"知情同意"原则作为个人信息处理行为唯一的合法性基础，其弊端较为明显，已无法有效适应丰富多元的个人信息处理场景，也在一定程度上阻碍了公共利益的实现。出于促进产业发展、保障公共利益与公民权益的考量，《个人信息保护法》第十三条第一款第二项至第七项对此作出了回应与设计，设置了无须个人同意的条款，丰富了数据处理者的基础。但是，随着技术的进步与我国互联网产业商业模式的不断变革，个人信息处理所适用和衍生的场景日益丰富，《个人信息保护法》第十三条第一款第二项至第七项显然不足以覆盖所有合理的不需要同意的场景，尤其是涉及公共利益、个人主体重大权益的情况，告知同意原则显然变成了一种高成本、低效率的方式，无法平衡社会公平、经济效率和个人信息保护等多重价值。

随着数据价值被不断挖掘，数据挖掘、利用的合法性基础应得到进一步扩张。可以参考欧盟 GDPR 的有关规定，将科学与历史研究、公共卫生事项等明显属于出于公共目的而不是遵循商业逻辑的个人信息处理形式予以相应的豁免。无论从理论上还是从实践中来看，个人信息保护权并非是绝对权，而是相对的、受限制的权利。并非所有的数据使用都必须取得用户同意，当使用利益高于用户个人利益时，可以让渡用户利益。[②]

[①] 杨琴：《数字经济时代数据流通利用的数权激励》，《政治与法律》2021 年第 12 期。
[②] 参见谢琳《大数据时代个人信息使用的合法利益豁免》，《政法论坛》2019 年第 1 期。

第三节　确保处理合规

"规范处理"在数据要素市场法治化建设中处于重要地位,"权益保护"和"合法利用"只有在个人信息处理活动中才具有实际意义。在信息化应用广泛覆盖的现代社会中,数据不仅是反映人类社会各类事物的数字化记录,还是一种土地、劳动力、资本以外的新型战略资源和竞争优势,是数字经济活动的基本生产要素。一方面,以数据为支撑的多元的数字技术应用,将提高数字经济发展的质量与效率。另一方面,随着信息技术的发展,数据处理方法更多样,处理流程越发复杂,处理主体日渐增多,利益相关方更加多元,数据泄露和滥用带来的负面性效应进一步凸显。数据处理者满足数据利用的合法性基础属于"数据风险防范的第一步",数据处理合规才能真正将风险管控落到实处。[①]

《网络安全法》《数据安全法》《个人信息保护法》从当前数据处理的全流程出发,拓展了包括同意规则在内的合法性基础场景。对自动化决策、公共场所等特殊场景下的数据处理活动,做出了更加严格的规范,要求实现数据分级分类管理,采取层次化和场景化数据处理规范,规定利用数据进行自动化决策时,应当保证决策的透明度和结果的公平、公正,不得实行不合理的差别待遇。在公共场所安装图像采集、个人身份识别设备,应当为维护公共安全所必需,遵守国家有关规定,并设置显著的提示标识等。

---

① 梅夏英:《社会风险控制抑或个人权益保护——理解个人信息保护法的两个维度》,《环球法律评论》2022年第1期。

一 数据处理合规的具体要求

结合《网络安全法》《数据安全法》《个人信息保护法》及相关法律法规的要求，数据合规处理存在如下具体要求。

第一，数据处理者应建立并完善数据安全管理制度。梳理公司涉及的数据内容以及应用情况，对此有一个较为全面的把握，在此基础上结合自身的数据处理活动特性，建立健全包括数据收集、传输、存储、共享在内的全流程数据安全管理制度，从安全责任组织管理、员工访问权限管理、信息系统安全管理、应急事件管理等多个维度全面规范企业日常经营流程，并立足自身实际设立针对数据安全事件的监测、预警机制，应急响应、报告机制，以及日常数据安全培训、演练机制，提高自身数据安全能力，有效应对国家数据安全审查。

第二，数据处理者应当建立数据分类分级制度，数据处理者应及时开展数据分类分级管理工作，针对不同类型、级别的数据在存储、权限、脱敏、开发等方面采取不同的技术管控措施，并根据实际情况以及重要数据目录颁布情况，对现有体系作出适当调整。数据处理者应重点识别所掌握的数据是否落入重点数据或国家核心数据范畴，并对此建立高于一般数据的保护机制。具体而言，针对重要数据，设立数据安全负责人和管理机构，其设置可以参考个人信息保护机构或负责人（DPO）的设置思路；建立重要数据处理活动风险评估机制，全面评估不同场景下各类数据面临的安全风险，并提出应对措施。

第三，数据处理合规应实现数据全生命周期的合规。数据全生命周期涉及收集、存储、使用、加工、传输、提供、删除等过程。

在收集方面，数据处理者收集数据时应履行"告知同意"义务。在存储上，应根据数据类型确保符合相应的存储年限的要求。在使用上，以个人同意为合法基础处理个人信息，在使用目的、方式和个人信息的种类发生变化时，应当重新取得个人同意。数据处理企业利用个人信息进行自动化决策的，应当事前进行个人信息保护影响评估并留存记录，应当保证决策的透明度和结果公平、公正。在传输提供方面，委托处理个人信息的，应当与受托人约定委托处理的目的、期限、方式，个人信息的种类、保护措施以及双方的权利和义务等，并对受托人的个人信息处理活动进行监督。对外提供数据时，则应履行单独的"告知同意"义务，企业因合并、分立、解散、被宣告破产等原因需要转移个人信息的，应当履行告知义务。在删除方面，出现法律、行政法规规定的法定删除情形时，数据处理者应主动履行删除义务；数据处理者未履行该义务的，个人有权请求企业删除。

第四，针对特定数据处理场景建立相关管理制度。数据处理者应根据数据出境、数据出口、境外执法调查要求等具体数据处理场景，建立相应的管理制度。在数据出境场景下，建立并部署安全评估制度与内部审查流程机制。针对数据出口，有应当事先逐项审查出口数据并评估其是否落入管制清单、是否取得管制物项出口经营资格，向国家出口管制主管部门申报并获得许可的义务。对于数据出境，应履行向国家网信部门进行数据出境评估或者通过标准合同以及充分认证的途径实现数据跨境，申报企业还有应当建立境外执法调查的常规应对策略，结合后续逐步完善的监管审批要求搭建内部事先评估及响应制度，以同步匹配境内审批要求及境外执法调查义务。

第五，履行中介服务商企业的特别数据安全义务。当数据处理者提供数据交易中介服务时,需要说明数据来源,审核交易双方的信息,并留存记录。既可以避免行政处罚,也为将来纠纷的处理留下证据。

第六,承担社会责任,开发适老化数字产品。在数据处理者提供数据技术应用服务时,应充分考虑老年人、残疾人等数字弱势群体的需求。作为主力通讯运营商,在国家的鼓励支持下,企业应承担起更多的社会责任,开发出满足老年人、残疾人需求的数字产品,提高企业的社会影响力。

二 数据处理合规的难题

在数据处理合规上,存在以下难点。第一,目前在数据分级分类、数据跨境传输、数据交易等方面仍然缺少相应的制度建设,数据处理者常常面对"无法可依"的情况。第二,除《网络安全法》《数据安全法》《个人信息保护》等法律,相关法律法规以及各部门基于具体场景颁布的规范性文件众多,如何有效归纳梳理成为难点,企业虽"有法可依",但往往无所适从,无法确认各项制度的优先级。第三,处理合规的实现需要将各类合规要求与企业实际操作流程实现有效结合,规则在实践当中的有效落地仍然存在困难,尤其是大型互联网企业的组织架构非常复杂,如果要细化数据保护规则就需要对现有架构进行较大调整。第四,数据处理者的数据处理活动场景和行为多样,在处理上存在随意性,往往不符合处理合规的要求,容易与用户、其他数据处理者产生数据权益方面的纠纷。此外,在政府部门处理数据及建设数字化政府的宏观进程中,数据安全仍然需要得到保障,合规并不仅仅是市场主体的义务,更是数字政府的应有之义。相对于一般性的数据资源,数字政府数据所包含的内容更加多元，不仅包括大量个人隐私数据，还包括政务相关重要信息，数字政府数据安全管理需要从网络安全、个人信息保护、数据安全等多个维度进行综合考量。

第四节　保障跨境安全

在全球数字经济不断发展的背景下，数据跨境需要的场景不断丰富、类型不断增多、数量不断增加，而与此相对应的是国际间竞争态势的不断加剧。数据具有多重法益，不仅包含数据安全、公共利益、个人信息与隐私保护，也关系到国家主权、数据产业发展、国际博弈等，数据资源已成为各个国家和地区创新发展的"必争之地"。部分西方发达国家利用网络空间的信息不对称和技术门槛，推动网络霸权和数据霸权，进一步加剧信息壁垒和数字鸿沟，从而攫取政治利益和经济利益，这导致数据跨境传输风险也在急剧攀升。数据跨境流动可能会引发用户数据泄露、滥用，甚至是他国分析挖掘国家重要战略信息的途径。

一　数据跨境流动的基本规范

为了保障数据跨境流动有序开展，各国选择了不同的数据跨境保护模式。欧盟坚持数据跨境前后保护水平不得有实质性降低的要求，而美国坚持在数据跨境流动中放宽对数据保护水平的要求。部分国家或区域基于国内产业发展的考量，试图对数据资源加以掌握或占有，客观上造成数据跨境流动的困难。

2022年7月7日，国家互联网信息办公室发布《数据出境安全评估办法》（以下简称《评估办法》），旨在落实《网络安全法》《数据安全法》《个人信息保护法》的规定，规范数据（尤其是大量数据和重要数据处理者）出境活动，保护个人信息权益，维护国家安全和社会公共利益，促进数据跨境安全、自由流动，切实以安全保发展、以发展促安全。《评估办法》是落实《网络安全法》《数据安全法》《个人信息保护法》有关数据出境规定的重要举措，意味着我国数据出境监管制度的逐步落地。相关企业应及时评估自身触发安全评估的可能性，明确是否存在需要适用数据出境安全评估的情形，做好应对安全评估的准备，从而进一步规范数据出境活动，保护个人、组织、公共和国家的合法利益。

二 数据跨境流动规范的问题

跨境数据流动对于我国加强国际合作、发展对外贸易具有重大意义，但因各国数据规制立场不同、数据立法纷繁复杂，我国数据跨境流动规范面临诸多挑战，主要存在三个方面的问题。

第一，缺少场景化的制度设计。相较于欧盟，我国对跨国公司数据流动的具体场景的考虑不够充分，不能有效满足数据出境实际业务的需求。在数字贸易场景下，数据流动发生在商业主体之间或内部，具有大规模和持续性的特征。而欧盟 GDPR 的"约束性企业规则"（BCRs）则为此种情形提供了规则范本。BCRs 规则认为，如果跨国集团遵循一套经个人数据监管机构认可的数据处理机制，则该集团内部整体成为"安全港"，数据流动无需再经主管部门批准。在全球治理背景下，国家与跨国公司角色开始发生转变，跨国公司作为利益攸关者，自我约束的领域逐步扩张，在一些涉及公共利益的领域中跨国公司开始了一定程度的自我约束。结合我国数字经济的快速发展，阿里巴巴、腾讯、华为等公司已经在跨境电商、跨境支付、信息服务等领域形成了领先优势，其公司内部涉及大规模且复杂的数据流动。建立跨国公司内部规则机制有利于激发企业的能动性，管控风险，减轻行政负担。①

第二，数据出境后的执法监管难以实现。数据出境后，不可控的风险逐步增加，目前根据《数据出境安全评估办法》的安排，主要是通过法律文件的形式来控制数据出境后的风险，难以实现全流程的追踪与监督，缺乏相应的监管渠道，还需要进一步强化数据出境后的持续治理。

第三，我国数据跨境活动的安全有序需要国家力量的支撑。在数据的战略价值凸显的时代背景下，数据跨境活动不仅仅关乎个人数据安全或者商业数据流转，更关乎"国家安全"和"国际政治博弈"。②美欧之间的数据跨境谈判经验表明，国家之间数据跨境规范渠道的建立需要以国家力量的积极推动作为支撑。2022年3月25日，欧盟与美国宣布就新的《跨大西洋数据隐私框架》达成原则性协议，开启建立美欧之间数据跨境规范机制第三次尝试。③2022年10月7日，美国总统拜登签署了《关于加强美国信号情报活动保障措施的行政命令》，一方面提供约束性保护措施，将美国情报机构对数据的访问限制在保护国家安全所必需的范围内，另一方面设立了公民自由保护官员（CLPO）和数据保护审查法庭（DPRC）两层

---

① 王佳宜、王子岩：《个人数据跨境流动规则的欧美博弈及中国因应——基于双重外部性视角》，《电子政务》2022年第5期。
② 参见赵精武《数据跨境传输中标准化合同的构建基础与监管转型》，《法律科学》（西北政法大学学报）2022年第2期。
③ European Commission and United States Joint Statement on Trans-Atlantic Data Privacy Framework, 2022 – 03, Whitehouse, https://www.whitehouse.gov/briefing-room/statements-releases/2022/03/25/fact-sheet-united-states-and-european-commission-announce-trans-atlantic-data-privacy-framework, 2022 – 10 – 22.

救济机制，为实施《跨大西洋数据隐私框架》和应对欧盟方面的审查打下基础。① 根据欧盟委员会的问答，欧盟委员会认为美国所签署的行政命令中的保障措施和补救机制一定程度上会消除欧盟法院（CJEU）关于数据安全的顾虑，并会起草充分性决定的草案和启动对行政命令的通过程序；欧洲议会会对决定进行审查。② 对于实现数据跨境安全而言，推动跨境双方互信合作，不仅需要在技术和法律层面维护数据主体的利益诉求，更是要从国家层面推动多边可信机制的建立，从而实现"可信任的数据自由流动（Data Free Flow with Trust，DFFT）"。③

第五节　强化执法监管

在数字时代背景下，数据技术创新所产生的新技术新应用新业态与传统产业存在着较大的差异，对执法监管提出了严峻的挑战，对政府部门的技术能力和人力资源提出了更高的要求④。按照传统思路立法，分配部门职责的监管方式并不十分适应数据要素市场发展的现状与发展趋势。数据市场主体还可以依靠其市场优

---

① *FACT SHEET：President Biden Signs Executive Order to Implement the European Union – U. S. Data Privacy Framework*, 2020 – 10，https：//www.whitehouse.gov/briefing-room/statements-releases/2022/10/07/fact-sheet-president-biden-signs-executive-order-to-implement-the-european-union-u-s-data-privacy-framework, 2022 – 10 – 22. 相应评论性信息也可见于本书附件《美国国会关于〈欧盟—美国数据隐私框架〉的评估报告》（2022 年 10 月）。

② *European Commission. Questions & Answers：EU – U. S. Data Privacy Framework*, 2022 – 10，https：//ec.europa.eu/commission/presscorner/detail/en/qanda_22_6045, 2022 – 10 – 22.

③ Fumiko Kudo, Ryosuke Sakaki, Jonathan Soble, *Every country has its own digital laws. How can we get data flowing freely between them?* 2022 – 05，https：//www.weforum.org/agenda/2022/05/cross – border – data – regulation – dfft, 2022 – 10 – 29.

④ 郑磊：《数字治理的效度、温度和尺度》，《治理研究》2021 年第 2 期。

势，借助公权力突破法律限制，造成"监管俘获"。① 国家对数据的执法监管也进行了一系列的创新与调整，强化对数据相关重点领域的监管力度，开拓了利用技术手段进行"非现场执法"等新型执法路径。②

一 数据执法监管的特点

随着数据要素市场的发展，数据相关制度的设计不断推动，为落实数据安全、个人信息保护、防控数据垄断等方面的要求，数据执法监管活动愈发频繁，呈现出如下特征。

第一，数据执法监管的工作涉及领域多、范围广、任务重、难度大，系统性、整体性、协同性很强。《网络安全法》《数据安全法》《个人信息保护法》基本采用了直接相关部门主导执法，相关多部门协同执法的体制。

第二，逐步形成"强监管"态势。网信、公安、工信等部门多次进行各类年度性、季度性的周期执法活动，对数据相关领域保持监管高压态势，出台各类部门规章或规范性文件明确监管要求，要求压实数据处理者的责任，规范数据的有效利用。

第三，适用严格的法律责任，对部分大型互联网企业开出高额罚单。为了扭转互联网企业与一般用户之间不对称地位，同时考虑到平台企业的商业影响巨大，《数据安全法》《个人信息保护法》对违法处理数据的行为采用了高额罚款制度。《数据安全法》规定了"最高一千万元"以及"违法所得一倍以上十倍以下罚款"两种处

---

① 翟云、蒋敏娟、王伟玲：《中国数字化转型的理论阐释与运行机制》，《电子政务》2021年第6期。
② 程琥：《综合行政执法体制改革的价值冲突与整合》，《行政法学研究》2021年第2期。

罚额度。《个人信息保护法》第六十六条规定了不同情形下违法处理个人信息的行政责任,其中第二款将违法处理个人信息且情节严重行为的罚款金额设定为五千万元以下或者上一年度营业额百分之五以下。2022年9月14日发布的《关于修改中华人民共和国〈网络安全法〉的决定(征求意见稿)》提出,关键信息基础设施的运营者使用未经安全审查或者安全审查未通过的网络产品或者服务的,可对其处以上一年度营业额百分之五以下罚款。此处"按营业额比例"进行罚款,与前述"最高五千万元罚款限额"可择一重行使,对涉事违法企业可以起到足够的震慑作用。

二 数据执法监管的问题

作为一种新兴领域的执法活动,执法队伍和执法能力建设还存在相应的不足,传统的执法机制面对数据要素市场化发展带来的新形势新矛盾新问题明显乏力,主要存在三个方面的问题。

第一,存在执法主体过多的问题。数据安全监管领域"多头监管"的情况较为常见,公安、网信、工信等多个部门都可以基于部门立场对数据处理者进行执法,而真正出现数据泄露、数据滥用等数据安全事件后,用户又经常遇到投诉无门、部门之间推诿扯皮的问题。[1] 执法监管体制有待进一步理顺。

第二,单向"强监管"现象严重,不能很好地满足营商环境优化的需求。数据是数字经济发展的重要驱动力量,《优化营商环境条例》规定:"政府及其有关部门应当按照鼓励创新的原则,对新技术、新产业、新业态、新模式等实行包容审慎监管,针对其性

---

[1] 《我国网络安全执法体制有待进一步理顺》,中国政府网,2017年12月,http://www.gov.cn/xinwen/2017-12/26/content_5250569.htm,2022年10月23日。

质、特点分类制定和实行相应的监管规则和标准，留足发展空间，同时确保质量和安全，不得简单化予以禁止或者不予监管。"新业态有着新型的监管特点，应考虑到数据技术应用在发展初期需要不断适应监管的问题，保障数据产业发展的有利环境，而缺少沟通的单向"强监管"以及在处罚上不断加码的"严监管"都不利于促进形成数据产业的健康生态。

第三，行政处罚的裁量基准不明确。《数据安全法》《个人信息保护法》等法律规范强调要通过罚款乃至于高额罚款对相关主体起到切实的震慑效果，但尚未明确行政执法的具体尺度和标准，在相应的行政处罚案例中，也未能明确其处罚标准，这些情况容易造成行政执法宽严不一、畸轻畸重、类案不同罚等现象，引发纠纷。

第五章

数据要素市场典型法律案例

在人类社会数字化转型的关键阶段，数据作为新型生产要素，是数字化、网络化、智能化的基础，深刻改变着生产方式、生活方式和社会治理方式。在数据科技催生的全新社会下，各方主体的权利义务关系发生巨大的变化，现有法律大多是以网络时代之前的生产关系为基础产生的，不少都难以适应网络时代的要求，数据要素价值的不断涌现与传统法律制度安排产生了极大的冲突。[1] 为充分明确数据要素市场带来的挑战与困境，本书从数据交易、数据竞争、数据跨境、数据安全四个重要领域出发，精选了域内外执法司法的相关典型案例，从实践的维度加深对数据要素市场法治化的认识。

第一节　数据交易

数据交易是市场经济框架下推动数据要素市场流通的基本方式，强调数据要素的流通以及数据资产的交易，[2] 是数据要素市场建构的关键一环。[3] 当前，数据价值难以准确界定、数据交易市场发展受阻等不利于数据交易全面展开的负面因素仍然存在，但实践中的数据交易活动正在逐步展开，并且在数据安全、权益保护方面存在一些显著的问题。

---

[1] 参见周汉华《网络法治的强度、灰度与维度》，《法制与社会发展》2019 年第 6 期。
[2] 陈舟、郑强、吴智崧：《我国数据交易平台建设的现实困境与破解之道》，《改革》2022 年第 2 期。
[3] 丁晓东：《数据交易如何破局——数据要素市场中的阿罗信息悖论与法律应对》，《东方法学》2022 年第 2 期。

一 数据堂数据交易违规案

（一）案情简述

2018年7月，山东省公安部门成功破获一起特大侵犯公民个人信息案，共抓获犯罪嫌疑人57名，打掉涉案公司11家。在被查获的公司中，国内知名数据公司、新三板上市公司"数据堂"公司涉案。经调查，涉案11家公司在8个月时间内，日均传输公民个人信息1.3亿余条，累计传输数据压缩后约为4000G。其中，数据堂共向涉案公司交付包含公民个人信息的数据60余万条。数据堂人员涉案数据购自华讯公司，而后者的上线为联通一家合作商的两名"内鬼"员工，这个链条上的信息涉及全国15个省份联通机主的上网数据和偏好，包括手机号、姓名、上网数据、浏览网址等，均为原始未脱敏数据。查获的数据隐私性高，案件涉及的上网URL数据包含了手机号码、上网基站代码等40余项信息要素，记录手机用户具体的上网行为，部分数据甚至能够直接进入公民个人账号主页。作为专业数据公司和数据交易平台，在违法数据传播链条，数据堂公司处于核心地位，其对原始数据进行清洗和深度加工处理（剔除无效信息以及将其标准化），主要内容为手机号、地区和偏好，并将处理后的信息传输给下游公司，用于精准营销。①

（二）裁判要旨

山东省临沂市公安局将案件移送至山东省费县人民法院，山东省费县人民法院一审认为数据堂公司6名被告均已构成侵犯公民个

---

① 参见（2018）鲁13刑终549号判决书。张瑶、闻雨：《追踪"数据堂"》，《财经》2018年第17期。

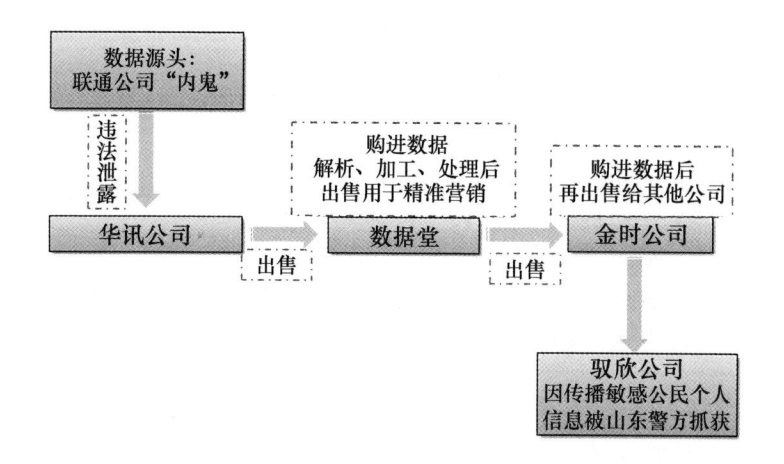

```
数据源头:                 购进数据
联通公司"内鬼"           解析、加工、处理后          购进数据后
                         出售用于精准营销            再出售给其他公司
    ↓违法泄露                  ↑                         ↑
   华讯公司  ──出售──→    数据堂   ──出售──→      金时公司
                                                          ↓
                                                     驭欣公司
                                                  因传播敏感公民个人
                                                  信息被山东警方抓获
```

图 1　涉案数据流向图

人信息罪。①

其中，被告人柴某兼任营销产品线总裁，作为公司 COO、总办成员之一，管理公司的整体业务，其对与其他公司签订的合同应当知情，具有审查、审核、决定权，在本案中应当认定其为直接负责的主管人员，属于主犯。

被告人胡某，任产品经理，后任营销产品部副总监，负责数据的加工和提供数据产品，在与金时公司签订两份合同过程中，负责合同的洽谈、签订及履行，其在犯罪中所起作用较大，在本案中亦应认定为直接负责的主管人员，属于主犯。

被告人揭某作为公司资源平台部总监，负责数据堂购入原始数据的接收，其所在的部门负责将数据堂购入的含有手机号码等敏感

---

①《刑法》第二百五十三条之一规定：违反国家有关规定，向他人出售或者提供公民个人信息，情节严重的，处三年以下有期徒刑或者拘役，并处或者单处罚金；情节特别严重的，处三年以上七年以下有期徒刑，并处罚金。违反国家有关规定，将在履行职责或者提供服务过程中获得的公民个人信息，出售或者提供给他人的，依照前款的规定从重处罚。窃取或者以其他方法非法获取公民个人信息的，依照第一款的规定处罚。单位犯前三款罪的，对单位判处罚金，并对其直接负责的主管人员和其他直接责任人员，依照各该款的规定处罚。

数据的公民个人信息数据发送到公司集群上,并安排手下将手机号码等敏感数据用 SID 替换、开发数据交付系统的加密和解密程序。其在明知数据堂购入的数据中包含手机号码等公民个人信息的情况下,作为资源平台部总监负责接收数据并对数据进行处理,其行为对于犯罪活动顺利完成提供了帮助,起到了一定的作用,并在被告人胡某向公司报告买家出事后,仍按照公司要求,安排手下将敏感数据全部删除,应认定为其他直接责任人员,属于从犯。

被告人吴某作为营销产品部下设的技术组负责人,负责对资源平台部放置到公司集群中的数据,根据手机用户的兴趣、爱好打标签,客户如有需要,产品组直接在集群中提取相关数据。在明知数据堂购入的数据包括手机号码等敏感数据的情况下,其仍安排人对数据打标签,加工数据产品,其行为对于犯罪活动顺利完成提供了帮助,起到了一定的作用,应认定为其他直接责任人员,属于从犯。

被告人李某一作为金融产品线员工,在数据堂公司与买家最初接触过程中,代表公司最早负责与对方对接、沟通、洽谈,并代表公司签订了与金时公司的第一份合同,其行为对于犯罪活动顺利完成提供了帮助,起到了一定的作用,应认定为其他直接责任人员,属于从犯。

被告人李某二是产品组工作人员,负责和金时公司丁某进行数据对接,在数据堂公司与金时公司签订的两份数据协议的履行过程中,负责将丁某发送的金时公司的数据需求发送给被告人吴某所在的技术组,技术组提取完成数据产品后,其负责发送数据,其行为对于犯罪活动顺利完成提供了帮助,起到了一定的作用,应认定为其他直接责任人员,属于从犯。

山东省费县人民法院一审判决数据堂 6 名被告人有罪,刑期从十个月到四年六个月不等,且均并处罚金。被告人不服,分别根据自己的实际工作内容不知是违法行为、职级不足以了解数据交易合同的细节而提出上诉。2019年2月19日，山东省临沂市中级人民法院对案件作出二审判决。二审中，临沂市中级人民法院认为，公司COO柴某虽未直接审批相关合同，但负责公司的整体运营，且分管营销产品线，仍应对该合同承担相应的主管责任。资源平台部负责人揭某的工作来自上级领导的安排，但其在明知公司售卖公民个人信息的情况下仍积极参与，对包含手机号码的数据进行接收，安排下属编写数据加密、解密程序以及数据交付系统，在案发后还安排下属删除数据以毁灭罪证、掩盖犯罪事实，其行为对数据堂公司售卖公民个人信息犯罪活动的顺利完成提供了帮助，应当认定为其他直接责任人员。李某二作为底层工作人员，不仅接收买家的数据需求，而且积极实施发送数据的行为，应当将其认定为其他直接责任人员。二审最终维持原判。[1]

（三）典型意义

在本案中，公安机关是从结果端数据非法传播出发，对违法数据的流通渠道进行追溯。数据堂公司在应该知道该数据来源不合法的情况下，违法进行数据交易的行为，构成了《刑法》规定的侵犯公民个人信息罪。

当前从事数据交易的公司越来越多。在数字经济时代，数据是重要的生产要素之一，数据交易市场也应当和资本市场、土地市场一样实现规范经营[2]。数据企业应树立数据合规处理意识。在本案中，还有其他涉案人员以不知贩卖敏感个人信息为由进行抗辩，被法院驳回，法院认为根据一般成年人的认识水平，其应当意识到出售他人手机号码等公民个人信息具有社会危害性。认识

---

[1] 参见（2018）鲁13刑终549号判决书。
[2] 金耀：《个人信息去身份的法理基础与规范重塑》，《法学评论》2017年第3期。

错误不影响对其定罪①。数据的合规处理应以合规意识的确立为前提。

从数据交易企业合规流程上，应对其上下游企业进行控制、评估和审计，在数据合规管理上严加防控，尤其是对显著的未经过处理的个人信息应拒绝进行处理活动，故意或者疏忽泄露用户数据的，不但需要受到公众质疑，而且需要承担法律责任。如购买第三方数据，应对买来的数据事先进行合法性来源审查，对供应商的资质与数据脱敏进行评估，亦或者通过事先调查的方式确认所收购的数据中是否含有敏感数据，是否已经由用户明示同意。在出卖数据给第三方的情况下，应考虑买售方的公司性质，以及买受方在其隐私协议里面提到过收集的用户数据在进行某些加工处理后可能会向第三方进行出售，对所处理或未来需要进行交易的数据应进行整体判断，对该数据是否采用技术化措施进行脱敏处理以及脱敏后的可恢复程度应有准确的认知。数据公司或者有涉及数据交易的公司应保障数据交易安全的底线，且应设置一整套数据"入口"和"出口"的合规流程设计。

二 Sitesearch Corp 违规交易案

（一）案情简述

2014 年 12 月 22 日，美国联邦贸易委员会（FTC）向美国地方法院提起诉讼，指控 Sitesearch Corp（前身为 LeapLab LLC）、Leads Company LLC 在没有经过其用户同意的情况下，向其他与贷款活动无关的人员出售用户发薪日贷款的申请信息，涉及用户金融账号、

---

① 田刚：《强奸罪司法认定面临的问题及其对策》，《法商研究》2020 年第 2 期。

社交账号及其他敏感隐私信息。对此，美国联邦贸易委员会要求法院对被告签署永久禁令，承担消费者损失，包括但不限于撤销或更新合同、恢复原状、退还已支付的款项等。2006—2013 年，Sitesearch Corp 从数千个发薪日贷款网站收集了数十万条消费者提交的贷款申请，每条都包含消费者的姓名、地址、电话号码、雇主、社交账号和银行账号，并将其中 95% 的信息以每条约 0.5 美元的价格进行售卖。Ideal Financial Solutions 是 Sitesearch Corp 最大的客户。2009—2013 年，Ideal Financial Solutions 从 Sitesearch Corp 购买价值至少 220 万美元的个人信息，并利用这些个人信息在消费者的银行账户中购买金融产品，非法牟利至少 412 万美元。[1]

美国联邦贸易委员会在对 Sitesearch Corporation 和其他共同被告提起诉讼后，提出和解。拟议的联邦法院命令禁止 John Ayers、LeapLab 和 Leads 公司将有关消费者的敏感信息出售或转让给第三方。同时裁决被告禁止所有产品或服务的虚假陈诉。此外，和解协议要求被告在 30 天内销毁其拥有的任何消费者数据，并赔偿原告方的相应损失。

（二）裁判要旨

本案的裁判要旨将主要从两方面展开，一个是关于影响商业不公平或欺骗性的行为，另一个是关于非法披露消费者的敏感个人信息的行为。

第一，影响商业不公平或欺骗性的行为是典型的违法行为。在本案中，美国联邦贸易委员会根据 FTC 法案第 13（b）条采取了行动。[2] 诉

---

[1] Jeremy Apple, Dr. Trevor Nagel, "FTC Settles with Data Brokers in Sale of Consumer Data Used for Illicit Purpose", 2016 - 05, lexology, https://www.lexology.com/library/detail.aspx?g=b6cc29ff-2313-4116-a388-69f78b7d28d9, 2022-10-22.

[2] 根据 FTA 法案 13（b）条，"不允许 FTC 在没有证据证明被告'是'的情况下根据过去的行为提出索赔"。

状指控被告参与了不公平的行为,违反 FTC 法案第五节①中的法律规定。② 被告大量收集消费者的个人信息进行营利性的售卖,获得超过 220 万美元的非法盈利。而被告之一的 Ideal Financial Solutions,利用被告提供的消费者信息,从消费者银行账户中扣除了至少 412 万美元,导致消费者实际蒙受巨大的财产损失,这是典型的欺骗性行为,是主观恶意的严重违法行为,应该受到严厉的惩罚。裁决被告禁止对所有产品或服务进行虚假陈诉,并且严格限制对消费者信息的使用。除此之外,作出金钱给付判决,判决 412.471 万美元作为公平金钱救济。

第二,非法披露消费者的敏感个人信息是典型的违法行为。美国法律对"敏感个人信息"的定义如下:"指以下任何关于消费者:(a)社会安全号码;(b)金融机构账号;(c)信贷或借记卡信息;(d)消费者的财务状况。"本案被告收集到的敏感信息(消费者的姓名、地址、电话号码、雇主、社会安全号码和银行账号等)几乎涵盖定义中划定的所有范围,毫无疑问这是一个关于敏感个人信息披露和非法利用的典型案件,并且带来的社会影响非常恶劣,必须受到严厉的惩处。因此,判决命令被告永久受到限制,禁止或协助他人从事、销售、转让或以其他方式向任何人披露消费者的敏感个人信息。

(三)典型意义

本案表现出两个方面的意义,一是美国监管部门对敏感数据合法利用的监管力度较强;二是个人信息保护规范仍待不断完善。

第一,美国联邦贸易委员会严惩不受《公平信用报告法》

---

① 根据 FTA 法案第 5 节,"商业中或影响商业的不公平的竞争方法是非法的;商业中或影响商业的不公平或欺骗性行为及惯例,是非法的"。

② 美国地区法院官方判决书《禁令和其他救济的最终判决和命令(Sitesearch Corporation)》,2015。

（FCRA）监管、交易消费者敏感信息的公司，努力保护消费者的数据隐私，保证数据安全。在本案中，作为典型的数据经纪人，Sitesearch Corp 在未经消费者同意的情况下收集和出售大量个人隐私敏感数据，获取了巨额的利润。在此之前，美国联邦贸易委员会主要根据《公平信用报告法》解决数据经济公司收集、转移和销售消费者信息所带来的隐私问题。美国联邦贸易委员会划定了三类从事消费者信息交易的数据经纪公司：（1）受《公平信用报告法》约束的公司（即传统的消费者报告机构或"CRA"）；（2）不受《公平信用报告法》约束的营销和相关公司，以及（3）不受《公平信用报告法》约束的非营销公司。[①] 在现实生活中，后两类数据经纪人是缺乏监督的，所以像 Sitesearch Corp 违规交易案中的这种不良商业行为并不受美国联邦法律的监管，这就促使美国联邦贸易委员会依据 FTC 法案第 5 条来解决这些问题。Sitesearch Corp 违规交易案体现了美国联邦贸易委员会提高和建立不受《公平信用报告法》监管但仍交易敏感消费者信息的公司的透明度和问责制的政策倾向。该和解还体现了对数据经纪人和潜在客户行业交叉带来的消费者保护问题的实践方向。无论是否受制于《公平信用报告法》，美国联邦贸易委员会等美国监管机构都在对从事消费者信息交易的公司进行更严格的审查。

第二，数据交易中的个人信息保护制度设计的不足之处。本案存在数据经纪人交易个人数据，未通知消费者或未取得其授权同意的情况。个人数据的采集、共享、交易、转移等应明确告知用户，并经用户同意或取得其他合法授权。企业对其合法、正当途径采集、获取、生成的数据享有合法权益。不通过非法手段或违背他人

---

① See United States Codee, Title 15, Chapter 41, Section 1681–1681x.

意愿侵入、窃取、交易他人享有合法权益的数据，不使用非法获取或来源不明的数据。Sitesearch Corp 违规交易案在一定程度上体现了数据交易过程中个人信息保护的缺陷，为个人信息保护制度的完善提供了方向。

第二节 数据竞争

有效利用数据及归纳、总结、分析数据的能力已成为现代信息技术企业的核心竞争力。通过对数据要素价值的充分挖掘，企业能够精准掌握市场需求，更快匹配供需两侧，从而保证其市场竞争优势。① 企业之间关于数据资源的激烈竞争，突出体现了数据要素的商业价值。各类平台之间不断涌现的数据竞争纠纷，也引发了新的法律关切，需要探索出数据共享和利用的有效路径，才能维护公共利益、促进产业发展和保障用户权益。②

一 微博诉脉脉案

（一）案情简述

北京微博创科网络技术有限公司（以下简称"微博"）独立运营新浪微博。脉脉北京淘友天下技术有限公司、脉脉北京淘友天下科技发展有限公司共同经营脉脉软件及脉脉网站（以下二被告简称"脉脉"）。脉脉通过新浪微博 OpenAPI 进行合作，脉脉用户可以通过新浪微博账号和个人手机号码注册脉脉账号，脉脉可以获取新浪

---

① 倪斐：《数据竞争下消费者隐私权保护的竞争法介入》，《北方法学》2022 年第 1 期。
② 孙益武：《论平台经济反垄断执法中的数据因素》，《法治研究》2021 年第 2 期。

微博用户的 ID 头像、昵称、好友关系、标签、性别等信息。微博在发现脉脉用户可以在其账户上看到非脉脉用户的新浪微博信息后，与脉脉终止合作。但在终止合作之后，脉脉软件仍继续显示通过新浪微博 OpenAPI 获取的用户信息。于是，微博向法院提起诉讼，认为脉脉的行为构成不正当竞争。

微博主张脉脉软件对其公司实施了四项不正当竞争行为：第一，非法抓取、使用新浪微博平台用户信息，包括头像、名称（昵称）、职业信息、教育信息及用户自定义标签、用户发布的微博内容。第二，通过脉脉用户手机通讯录中的联系人，非法获得、非法使用这些联系人与新浪微博用户的对应关系。第三，模仿新浪微博的加 V 认证机制及展现方式。第四，对微博公司进行商业诋毁。

（二）裁判要旨

法院审理认为，脉脉与微博存在竞争关系，脉脉在合作期间非法抓取新浪微博用户信息、合作终止后非法使用新浪微博用户信息的行为不具备合法性和正当性。

第一，数据溯源是判断数据取用是否合法的前提。法院认为，在脉脉与微博公司合作期间，通过微博公司向脉脉提供的 OpenAPI 接口，在其服务器中获得的非脉脉用户的微博互粉好友的资料信息，应认定为来源于新浪微博。针对法院意见，脉脉提出抗辩：数据还存在另外两个主要来源，一是部分用户头像来自头像淘淘软件，二是通过协同过滤算法取得。法院以证据不足以及不具有现实可行性而对其主张不予支持。

第二，脉脉获取并使用涉案新浪微博用户信息的行为不合法。法院认为本案应当从两个时间阶段判断脉脉抓取并使用新浪微博用户信息的合法性。新浪微博与脉脉合作期间，脉脉未获得 OpenAPI 高级接口授权即获取新浪微博用户的职业信息、教育信息，因此认定脉脉在双方合作期间存在非法抓取涉案新浪微博用户职业信息、教育信息的行为，而无论其是否采用爬虫技术等措施。双方合作结束后，脉脉软件中仍显示大量非脉脉用户的新浪微博用户头像、昵称、职业、教育、个人标签等信息，违反了双方签订的《开发者协议》。同时也因未取得用户许可即获取并使用涉案非脉脉用户的相关新浪微博信息，违反了《脉脉服务协议》。法院支持微博关于脉脉在双方合作结束后非法使用涉案新浪微博用户信息的主张。

第三，法院认定脉脉在合作期间以及在合作结束后对涉案新浪微博用户相关信息的获取和使用行为不具有正当性。脉脉在合作结束后仍使用新浪微博用户的这些能刻画出用户个人的生活、学习、工作等基本状态和需求的职业、教育信息不属于为程序运行和实现功能所需的必要性，因此法院认定脉脉在合作期间对涉案新浪微博用户职业信息、教育信息的获取及使用行为，以及在合作结束后对涉案新浪微博用户相关信息的使用行为均缺乏正当性。

（三）典型意义

本案明确可以通过"数据抓取的手段是否合法，数据使用的目的是否合法，以及数据的抓取和使用是否具有正当性"来判断第三方平台取用数据的合法性。

法院在认定"抓取行为"是否具备"合法性"时，主要判断"抓取数据的手段"是否合法，即是否存在"未经授权"就抓取数据的行为或违反"用户授权+平台授权+用户授权的三重授权原则"且无合理理由抓取数据的行为。此处的"授权"指网络运营者在通过OpenAPI接口与第三方平台合作时，根据不同级别和类型的数据，设定不同级别的访问权限：对公开数据设置较低的权限，以促进数据的有序流动；对需要加密的数据设置较高的权限，以维护自身数据权益以及数据主体合法权益。同时通过"授权"检测技术漏洞，完善和加强保护数据安全的技术和能力。"三重授权"原则则在数据采集、流通的过程中，以"知情同意"作为个人信息主体控制其个人信息的方式，防止个人信息扩散范围和用途的不可控。①然而在实务中，三重授权原则如何真正发挥保护个人信息的作用，存在一定的模糊性。通常，个人在平台《隐私权政策》环节同意授权后，个人信息主体往往就已经失去了对个人信息的控制权。

法院在认定"使用行为"是否具有"合法性"时，主要判断（1）"使用数据的目的"是否合法；（2）是否存在为取得非法利益、损害竞争关系主体利益以及损害社会公益等情形；（3）是否存在无法证明其数据使用必要性、合理性的情形。

在判断"抓取和使用"数据的行为是否具有正当性时，法院将利益衡量的天平向数据控制者倾斜，认为重要的数据是企业的商业资源和竞争优势。企业在收集数据、分析收据的过程中，付出了大量努力和成本，这些数据的"产权"在一定程度上属于企业。因此，第三方未经授权使用这些信息的行为，使企业面临一定的损失，缺乏行为的正当性。

本案确立的"三重授权"原则在数据竞争领域具有里程碑式的意义，在之后的淘宝诉安徽美景、微信诉多闪、新浪微博诉今日头条等案件中，"三重授权"的原则得以广泛运用，②实现了在数据共享中相关各方主体形式上的利益均衡。但是，随着数据流动需求的增加，加上《个人信息保护法》明确了用户"同意"并不是个人数

---

① 谢新洲、宋琛：《游移于"公""私"之间：网络平台数据治理研究》，《北京大学学报》（哲学社会科学版）2022年第1期。
② "淘宝诉安徽美景案"，参见杭州市中级人民法院（2018）浙01民终7312号民事判决书。"微信诉多闪案"，参见天津市滨海新区人民法院（2019）津0116民初2091号民事裁定书。"新浪微博诉今日头条案"，参见《新浪微博诉字节跳动不正当竞争案宣判，字节跳动：将提起上诉》，2021年5月，澎湃网，https://news.stcn.com/sd/202105/t20210528_32858 21.html，2022年10月26日。

据处理的唯一合法性基础，因此，目前"未经三重授权不一定构成不正当竞争或个人信息侵权"。同时，由于在"三重授权"中用户不必然有可协商的机会，因而"经过三重授权并不必然具有绝对免责效力"。① 三重授权仍需要进一步证成或者调试。

二 美国 hiQ 诉领英案件

（一）案情简述

美国领英公司采取了技术手段，禁止其竞争对手 hiQ 公司通过爬虫技术获取领英网站上公开的用户资料信息，领英被美国法院通过"预先禁令"要求其移除全部阻止 hiQ 访问其用户公开资料信息的技术障碍，法官认为 hiQ 有权利爬取领英的数据并加以使用。"领英案"经历了从美国加利福尼亚州北区联邦地区法院一审判决的"禁止领英拒绝 hiQ 访问其公开数据"；到 2019 年领英公司上诉，美国联邦第九巡回法院做出了"维持一审"的判决；到 2021 年美国最高法院撤销原判，要求第九巡回法院重新审理；最终在 2022 年，第九巡回法院重审，维持原判，判决"爬取可公开获取数据不违法"的发展过程。

（二）裁判要旨

hiQ 爬取领英公司在互联网上可以公开获取的数据不违反《计算机欺诈和滥用法》（CFAA）的规范，该法并不禁止任何人爬取可公开访问的数据。美国联邦第九巡回法院遵循 Winter v. Nat. Res. Def. Council, Inc. 案先例所要满足的四个条件进行审理，即"寻求初步禁令的原告必须证明，他有可能在案情上获得成功，如果没有初步

---

① 向秦：《三重授权原则在个人信息处理中的限制适用》，《法商研究》2022 年第 5 期。

救济，他有可能遭受不可弥补的伤害，权益之衡平对他有利，而且禁令符合公共利益"。① 由此来判断 hiQ 实验室是否符合申请初步禁令的要件。

第一，不可弥补之损害。法院认为，第三方平台在被禁止访问和抓取数据后，如果产生不可弥补的损害，例如合同危机、丧失潜在交易机会、时间和金钱成本增加，那么第三方平台与企业、数据控制者之间存在依赖关系，其数据抓取的行为具有合法性。

第二，利益之衡平。本案中，在 hiQ 被禁止抓取数据而面临的倒闭风险和领英用户面临的隐私风险、用户信任风险之间，法院作出了比 hiQ 倒闭风险更大的判断，即领英公司的用户数据都是在用户知晓隐私风险的情况下主动公开的。因此，用户对这些信息带有被他人访问的期待，缺乏对这些信息报以隐私的期待。此时 hiQ 面临的风险所涉及的利益更值得法院保护。

第三，胜诉之可能性。法院针对 hiQ 实验室关于"领英公司对其构成了故意的合同侵权干扰"的主张，认为维护"合同的稳定性"的社会利益比竞争自由更重要。② 只有在干扰方的干扰行为具有比确保合同稳定性更高的社会利益时，对合同的侵权干扰才具有正当性。法院针对领英公司关于"hiQ 实验室收到领英发出的停止并终止函后的抓取和使用数据行为违反 CFAA 规范"构成"未经授权访问"的主张，认为领英公司关于"可自由访问权限"的理解，可能会带来"禁止"③ 或者"闯入"的误解，不应适用"未经授权"的概念。

第四，公共利益之考量。公共利益的考量主要是调查对非当事

---

① See *Winter v. Nat. Res. Def. Council, Inc.*, 555 U.S. 7, 20 (2008).
② See *Imperial Ice Co. v. Rossier*, 18 Cal 2d 33, 36 (1941).
③ See *Cf. Blankenhorn v. City of Orange*, 485 F.3d 463, 472 (9th Cir. 2007).

人的影响。①"领英案"的判决体现了法院对非当事人所有的影响的社会公益的考量。法院更偏向从公共利益的角度考虑，认为虽然用户选择公开信息所属的隐私利益尚不确定，但如果领英采取措施禁止公众获取用户已选择公开的信息，可能会造成数据垄断，不利于公众交流及网络发展。

（三）典型意义

"领英案"关于数据抓取的合法性边界的判断，为我国此类数据抓取和使用的案件提供了新思路。第一，缩小可被抓取数据的范围。领英案仅强调对"公开数据"的爬取不是违法行为。法院提供了一种更加简单的"闸门开关调查"②理论，即数据的"大门（闸门）"是否打开。打开大门（闸门）的数据就是公开数据，第三方平台可以爬取；关闭大门（闸门）数据则不可任意爬取。而在我国，合法可抓取的数据应当是"开放数据"，即企业、数据控制者选择向第三方平台授权公开的数据。我国在实务中更加细致地区分了"开放数据"和"公开数据"，认为"开放数据"涉及授权问题，仅作为"公开数据"的其中一部分。这样的分级方式虽然更加细致，对获取权限的要求更高，但是在实务中可能会面临企业、第三方平台以及用户之间利益难以平衡的问题。

第二，完善我国认定"抓取和使用数据"的合法性边界。我国在认定数据"抓取和使用"的过程中，主要判断"抓取数据的手段"和"使用数据的目的"是否合法，兼顾"抓取和使用"数据的正当性。对比"领英案"判断数据"抓取和使用"行为的合法性的四个要件，我国更倾向于采取保护企业、数据控制者的立场。我国法院在利益衡量中，以"三重授权"原则作为标准，以判断和平衡企业、第

---

① See *Bernhardt v. Los Angeles City*, 339F. 3d 920, 931-32（9th Cir. 2003）.
② See Orin S. Kerr, "Norms of Computer Trespass", 116 *Colum. L. Rev.*, 1143, 1161, 2016.

三方平台以及用户之间的利益关系，在实务中往往突出对企业以及用户的保护，而忽略了第三方平台在数据流通过程中的作用和可能面临的损害风险，以及非当事人所涉及的社会公益。在"微博诉脉脉案"中，法官认为新浪微博用户的职业信息、教育信息等是新浪微博重要的商业资源和竞争优势，从而认定这些数据的"产权"属于新浪微博，脉脉非经允许不得擅自使用，主要考虑互联网公平竞争的环境下不正当竞争行为的认定，而较少关注本案对社会公益产生的影响。这与"领英案"的判决体现的法院对非当事人产生的影响等社会公益的考量是不同的。结合中国语境，我们可以在明确可爬取数据范围的基础上，优化以"三重授权"原则为基础的数据爬取方式和目的合法性标准，参考"领英案"对"授权"的限缩解释，对我国"数据爬取与使用的合法性边界"做出明确的规制。

第三节　数据跨境

随着数字社会的发展，各行业已沉淀了海量的数据资源，跨境数据流动的业务场景日益增多。这其中，国际健康医疗数据跨境流动因大国博弈、国家安全、数字经济竞争等问题面临着前所未有的挑战。[①] 在跨境的业务场景下，数据的合规与安全风险进一步提升，一旦遭到泄露、非法获取、非法利用，会使得个人信息主体权益受到侵害，诸如基因数据等重要数据的泄露甚至危害国家安全和公共利益。[②] 数据跨境规则不明确、国际间缺少数据跨境流动的规范渠

---

①　参见梅夏英《在分享和控制之间　数据保护的私法局限和公共秩序构建》，《中外法学》2019 年第 4 期。
②　王秉、朱媛媛：《大数据环境下国家生物安全情报工作体系构建》，《情报杂志》2021 年第 6 期。

道等问题制约了数据跨境活动的有序进行。

一 华大基因违反人类遗传资源规定被罚案

(一) 案情简述

2011年，深圳华大基因科技服务有限公司（华大基因下属控股子公司），与牛津大学及多家国内医院开展"中国女性单相抑郁症的大样本病例对照研究"国际科研合作项目，负责对所提供的样本进行检测，该样本涉及人类遗传资源。项目分为两部分：第一部分是样本及表型数据收集，华大科技未参与；第二部分是对收集样本进行基因组学分析，通过病例对照研究揭示抑郁症致病机理，华大科技作为科技服务方，为项目提供了检测分析服务并将部分完成的检测数据交付给项目合作方。尽管华大科技称与项目方进行过确认，且国内医院提供了审批证明（批件盖章页的传真），但是项目方申请的采集样本数和最终测序的样本数不一致，事实上最终交付给华大科技测序的样本数，超过了合作方获批的采集样本数。①

2015年9月7日，中华人民共和国科学技术部根据《人类遗传资源管理暂行办法》《中华人民共和国行政处罚法》等有关规定，经中国人类遗传资源管理办公室查明，华大科技与华山医院未经许可与英国牛津大学开展中国人类遗传资源国际合作研究，华大科技未经许可将部分人类遗传资源信息从网上传递出境，决定处罚华大基因立即停止该研究工作的执行，销毁该研究工作中所有未出境的遗传资源材料及相关研究数据，并停止华大科技涉及中国人类遗传

---

① 《科技部：六单位违反中国人类遗传资源管理规定被罚》，2018年10月，澎湃网，https://www.thepaper.cn/newsDetail_forward_2563678，2022年10月23日。

资源的国际合作，整改验收合格后，再行开展。①

（二）裁判要旨

华大科技所进行基因组学分析的样本涉及我国人类遗传资源，其分析数据所得的人类遗传资源信息，同属人类遗传资源范畴。本案适用的是1998年6月10日经国务院同意、国务院办公厅转发施行的《人类遗传资源管理暂行办法》。② 经过中国人类遗传资源管理办公室查明，华大科技未经许可开展人类遗传资源国际合作项目以及未经许可将部分相关资源信息通过网络传递出境的行为违反了该《暂行办法》第四条、第十一条、第十六条。其中第四条规定："国家对重要遗传家系和特定地区遗传资源实行申报登记制度，发现和持有重要遗传家系和特定地区遗传资源的单位或个人，应及时向有关部门报告。未经许可，任何单位和个人不得擅自采集、收集、买卖、出口、出境或以其他形式对外提供。"第十一条规定："凡涉及我国人类遗传资源的国际合作项目，须由中方合作单位办理报批手续。中央所属单位按隶属关系报国务院有关部门，地方所属单位及无上级主管部门或隶属关系的单位报该单位所在地的地方主管部门，审查同意后，向中国人类遗传资源管理办公室提出申请，经审核批准后方可正式签约。国务院有关部门和地方主管部门在审查国际合作项目申请时，应当征询人类遗传资源采集地的地方主管部门的意见。本办法施行前已进行但尚未完成的国际合作项目须按规定补办报批手续。"第十六条规定："携带、邮寄、运输人类遗传资源出口、出境时，应如实向海关申报，海关凭中国人类遗传资源管理办公室核发的出口、出境证明予以放行。"

---

① 中华人民共和国科学技术部2015年2号《行政处罚决定书》。
② 目前，对人类遗传资源保护主要适用的是2019年3月20日由国务院通过的《中华人民共和国人类遗传资源管理条例》（2019年7月1日生效）。

依据该《暂行条例》第二十一条以及《中华人民共和国行政处罚法》有关规定,科技部对于本案中的华大科技公司做出了相应的行政处罚决定:第一,要求立即停止该研究工作,避免该项合作中的人类遗传资源信息非法跨境的风险持续存在;第二,销毁该研究工作中所有未出境的遗传资源材料及相关研究数据,防止暂未出境但是没有获得合法审批的数据流出;第三,停止华大科技涉及我国人类遗传资源的国际合作,直至整改验收合格后,再行开展,督促华大科技及时尽快整改,合法合规地展开国际合作。该处罚决定中前两项是针对该项目进行风险进一步扩大的预防,后一项则是对华大科技公司中涉及人类遗传资源的全部国际合作提出了基本要求,也为未来该领域规范化的跨境合作开展指明了方向。

(三)典型意义

伴随着数据跨境交易以及跨境科研合作的不断发展,数据跨境流动应当如何进行规制,不仅涉及个人隐私、行业发展,而且关系国家安全,开始为各国所密切关注。从数据跨境的角度分析本案,科技部在2015年对于华大基因进行了行政处罚,并于2018年在科技部网站公开了处罚内容,这表明我国对于数据跨境安全的重视以及管理严格化、规范化的趋势。

根据《数据出境安全评估办法》,中国数据跨境规则体现出分层管理特征,对重要数据和个人信息的合规管控进行了层次化管理,明确了不同情形下的数据出境适用规则[①]。人类遗传数据不仅事关患者生命安全、个人信息安全,也与社会公共利益和国家安全紧密相连[②]。《中华人民共和国人类遗传资源管理条例》对于该信息

---

① 参见何波《中国参与数据跨境流动国际规则的挑战与因应》,《行政法学研究》2022年第4期。

② 参见胡瑶琳、余东雷、王健《"健康中国"背景下的健康医疗大数据发展》,《社会科学家》2022年第3期。

的利用与对外提供已经提出了明确的要求,需要国务院科学技术行政部门进行严格的审批,任何涉及人类遗传资源的信息进行跨境传递都需要履行相应的审批流程。人类遗传资源信息的保护对于保障我国基因安全、生物安全与国家安全具有重要意义,基因作为带有遗传信息的 DNA 片段,人类遗传资源信息与其存在紧密的关联性,且 2021 年 4 月 15 日正式实施的《生物安全法》将第六章设置为"人类遗传资源与生物资源安全",明确了人类遗传资源安全在生物安全中的重要地位。人类遗传数据所具备的生物特征、隐私特征和伦理特征,都使得健康医疗数据天然带有"安全红线"属性,"在群体层面共享的隐私利益凸显"。[①] 相关的数据处理者在开展涉及基因数据跨境传输的活动时,都应当增强法律意识,遵守国家法律法规,严格履行相关审查程序,接受相关政府部门监督,尤其是要注意出境数据不能属于禁止出境的数据类型,防止涉及人民安全以及国家安全的重要信息不当流出,以免侵害国家安全、公共利益、个人或者组织合法权益。

二 欧洲法院判决"隐私盾"数据跨境协议无效案

(一)案情简述

2020 年 7 月 16 日,欧盟法院作出判决,由于美国的数据保护未达到欧盟标准,用于跨大西洋个人数据传输的《隐私盾协议》(*Privacy Shield*)无效。2013 年,爱德华·斯诺登披露,美国情报机构一直在开展大规模监听活动。同年,奥地利隐私维权活动家 Schrems 为此以社交网站脸书(Facebook)的欧盟用户身份提起诉

[①] 刘士国、熊静文:《健康医疗大数据中隐私利益的群体维度》,《法学论坛》2019 年第 3 期。

讼，希望阻止有关数据从欧盟转移至美国，由此展开了围绕欧美之间数据传输协议的一系列诉讼案件。

欧美作为重要的商务合作伙伴，为促进商务交流及数据流通，早在2000年11月就签订了《安全港协议》（Safe Harbor），为欧美之间的数据传输提供法律依据。但欧洲与美国在数据隐私保护理念上的分歧，仍然存在。

随着斯诺登事件爆发，欧盟及其成员国对数据在美国受到的保护程度产生严重担忧。斯诺登事件又名"棱镜事件"，美国中央情报局前雇员爱德华·约瑟夫·斯诺登（Edward Joseph Snowden）在受雇于国家安全局防务承包商博思艾伦公司期间，由于对美国政府监控互联网的行为不满，通过英国《卫报》和美国《华盛顿邮报》揭露出美国情报部门相关的秘密文件。其中最引人关注的是以美国国家安全局为主导，以谷歌、脸书、苹果、微软等美国互联网全球领先企业为代表的高科技公司广泛参与，旨在获取全球网络空间专门信息的"棱镜"计划。斯诺登揭发，美国攻击全球网络的次数达到6.1万之多。中国清华大学的主干网、香港中文大学的互联网交换中心、重要政务办公网络以及多家电信运营商网络都在攻击目标之列。美国媒体随后曝光了美国更多的网络间谍组织和情报监听计划。①

2013年，时为法律系学生的Max Schrems因其在脸书上的个人数据转移至美国服务器时未受到充分保护，向脸书欧洲总部所在地爱尔兰的数据保护委员会提起投诉。随后又以爱尔兰数据保护委员会作为被告，将失败的投诉结果上诉至爱尔兰高等法院。爱尔兰高等法院将案件移交至欧盟法院，欧盟法院调查审理后认为，欧盟委员会在审定通过《安全港协议》时，未能确保美国对欧盟个人数据

---

① 方兴东、张笑容、胡怀亮：《棱镜门事件与全球网络空间安全战略研究》，《现代传播》（中国传媒大学学报）2014年第1期。

采取充分保护，且该协议使个人数据隐私保护受到国家安全、公共利益及执法需求的限制。2015年，欧盟法院最终裁决宣布《安全港协议》无效（Schrems I 案）。①

"安全港"机制被认定无效后，爱尔兰高等法院撤销了爱尔兰数据保护委员会驳回 Schrems 投诉的决定。爱尔兰数据保护委员会继续调查 Schrems 针对脸书的投诉，脸书遂主张其依赖于欧盟第2010/87号（SCC）决定附件的"标准合同条款"转移欧盟个人数据到美国，因此 Schrems 于2015年12月1日修改投诉，认为欧盟"标准合同条款"不能确保脸书把欧盟个人数据转移到美国的正当性。鉴于对 Schrems 投诉的处理取决于第2010/87号（SCC）决定的有效性，爱尔兰数据保护委员会向高等法院提起了诉讼，以便其将相关问题提交欧盟法院获得初步裁定。爱尔兰高等法院就案件能否适用欧盟法、标准合同条款有效性、隐私盾决定的有效性等十一项问题提请欧洲法院进行先予裁决。② 该案件最终于2018年4月被移交至欧盟法院。

2020年7月16日，欧盟法院作出判决，认定美欧数据跨境转移机制《隐私盾协议》无效，但是，欧盟标准合同条款（SCC）依然有效（Schrems II 案）。③

（二）裁判要旨

欧盟法院基于以下两点主要理由，判定《隐私盾协议》无效：第一，法院认为欧盟委员会在审核《隐私盾协议》时，对美国政府

---

① Judgment of the Court (Grand Chamber) of 6 October 2015, *Maximillian Schrems v Data Protection Commissioner*, 2015 – 06, EUR-Lex home, https://eur-lex.europa.eu/legal-content/en/ALL/? uri = CELEX: 62014CJ0362, 2022 – 10 – 24.

② 金晶:《个人数据跨境传输的欧盟标准——规则建构、司法推动与范式扩张》，《欧洲研究》2021年第4期。

③ Judgment of the Court (Grand Chamber) of 16 July 2020, *Data Protection Commissioner v Facebook Ireland Limited and Maximillian Schrems*, 2020 – 07, EUR-Lex home, https://eur-lex.europa.eu/legal-content/en/TXT/? uri = CELEX: 62018CJ0311, 2022 – 10 – 22.

监控项目进行了评估，审查发现这些监控项目程序在实际操作中并未局限于欧盟法律规定的严格必要及与目的成比例，并不符合《欧洲联盟基本权利宪章》第52条的规定。第二，法院判定，针对美国的监控，欧盟数据主体缺乏可行的司法赔偿手段，因此，在美国并不存在有效的对《欧洲联盟基本权利宪章》第47条的救济。①

在判决中，法院最关心的核心问题是关于美国公权力下的政府监控制度和项目。这一点主要基于美国《外国情报监控法》的第7章第702条。该法案于1978年生效，本意是简化美国情报机构在美国境内收集外国情报数据信息的电子监控标准及程序，授权政府的数据监控行为，但要经过法院允许。2008年该法案新增第702条修正案，允许美国情报机构基于该条款，无需经过法院发布搜查令，即可出于收集外国情报目的，向美国企业收集、查阅外国用户的电子通讯信息；若被监控的外国对象涉及与美国人的交流信息时，则美国人也会被纳入监控范围；而提供信息的企业无需对受影响的用户进行通知。特朗普政府将本应在2018年到期的本条修正案延期至2023年12月。除此之外，1981年签署的美国第12333号行政令（E.O. 12333）对不在《外国情报监控法》规制范围内的其他活动进行规范，授权国家情报机关在美国域外对外国情报进行监控。这两项法案的规定，成为欧盟法院撤销《隐私盾协议》的主要依据。由于《隐私盾协议》中缺乏对类似情况的特殊规定，因此美国企业即使加入《隐私盾协议》，也无法摆脱这两项法律的控制。

虽然判定《隐私盾协议》无效，但是欧洲法院依然认为欧盟标准合同条款（SCC）有效。虽然SCC只能约束数据进出口双方，不

---

① Judgment of the Court (Grand Chamber) of 16 July 2020, *Data Protection Commissioner v Facebook Ireland Limited and Maximillian Schrems*, 2020-07, EUR-Lex home, https://eur-lex.europa.eu/legal-content/en/TXT/?uri=CELEX：62018CJ0311, 2022-10-22.

能约束数据接收国的政府公共机构,但这一事实并不必然导致SCC失效。数据接收国的政府公共机构出于"民主社会"下的国家安全、国防、公共安全目的对个人数据在"必要程度"下的数据访问,并不与SCC冲突;一旦超出"必要程度",才会违反SCC。法院认为,SCC条款建立了一个有效的机制,以确保实践中个人数据在接收国得到欧盟同样标准的保护,在SCC的条件不能被遵守时,则数据转移应被立即中止或禁止。

(三)典型意义

从本案可以看出,一是数据跨境流通时国家间难以相互信任;二是信息安全风险不断增加。

第一,欧盟法院此次判决体现出自斯诺登事件以来,欧洲对美国数据隐私安全的极大不信任,尤其是针对美国强势的政府监控政策,欧盟始终存在比较强烈的排斥和不安。受全球新冠肺炎疫情影响,世界各国出于控制疫情的考虑,不同程度地加强了政府部门对于包括密切接触信息、旅行信息、位置信息等个人信息的掌控。对美国而言,在社会动荡的情况下,美国各级政府不得不出于公共安全、社会稳定的考虑,进一步加强对于人面识别等敏感生物信息收集和应用技术的使用,这一点又进一步加剧了欧盟的忧虑。Schrems案表明,即使对于拥有庞大技术专长的官僚和高水平律师团队的欧盟委员会而言,也无法准确认定第三国立法的保护水平;欧洲人权法院往往也需要数年时间才能对监控案件作出判决,更何况已经有其他繁重任务、人手严重不足且对国家安全立法缺乏专业能力的数据保护机构。评估主体的"能力赤字",使得"充分保护水平"的评估呈碎片化趋势。[①] 欧盟法院最

---

① 杨帆:《后"Schrems Ⅱ案"时期欧盟数据跨境流动法律监管的演进及我国的因应》,《环球法律评论》2022年第1期。

终判决"隐私盾"协议无效，充分体现出数据跨境中不同国家难以相互信任的困境。

第二，《隐私盾协议》的无效会对欧美间的经济和信息交流以及国际数据跨境活动的开展造成一定阻碍，也意味着数据跨境安全风险得到了进一步的重视。《隐私盾协议》虽然导致许多新成立的公司需要付出更多的合规成本，但是在改善商业数据隐私以及数字贸易方面整体取得了积极效果。它的失效对于组织来说意味着数据跨境的合规成本在逐步提高。虽然 Schrems 案没有提出数据本地化的法律要求，但其对数据跨境流向美国和其他国家构成的阻碍，也会迫使许多企业选择数据本地化措施。越来越多的观点认为，数据本地化措施无法有效保护数据安全。另外，不同国家数据保护的立法水平和技术水平存在参差，数据本地化存储会导致在保护水平较低的国家存储的数据成为重点攻击对象。

综上所述，从本案中可以明确感受到欧盟在建立强有力的个人数据隐私安全保护体系上的决心和魄力，隐私安全协议签订"协议"后并非一劳永逸，而是会受到欧盟居民的不断挑战和欧盟机构的持续性审查，使欧盟对数据的保护、管理和控制力大为加强，改变了欧盟的被动地位。① 从更长远的角度看，数据跨境的规范渠道对于现代国家的发展至关重要，数据跨境流动是促进全球经济合作的必要基础。2022 年 3 月 25 日，欧盟与美国宣布就新的《跨大西洋数据隐私框架》达成原则性协议。② 2022 年 10 月，美国总统拜登

---

① 黄志雄、韦欣好：《美欧跨境数据流动规则博弈及中国因应——以〈隐私盾协议〉无效判决为视角》，《同济大学学报》（社会科学版）2021 年第 2 期。

② European Commission and United States Joint Statement on Trans-Atlantic Data Privacy Framework，2022 – 03，Whitehouse，https：//www.whitehouse.gov/briefing-room/statements-releases/2022/03/25/fact-sheet-united-states-and-european-commission-announce-trans-atlantic-data-privacy-framework，2022 – 10 – 22.

签署了一项行政命令，准备实施美欧《跨大西洋数据隐私框架》。①接下来其仍将继续面临欧盟法院的审查，有可能会引发 Schrems Ⅲ 案的到来。这一系列诉讼也提醒各国在数据跨境方面应更加重视制度设计和政策引导，在满足国家数据跨境流动需要的前提下，进行多方诉求的平衡，有效应对数据跨境需求。

第四节　数据安全

在数据要素市场化配置过程中，数据商业价值和战略作用不断涌现，数据安全规范框架将面临新的考验。但是，数据的利用和处理仍然必须遵守基本的数据安全"红线"，②从而保障各类数据主体合法权益受损风险可控，满足个人、组织的合理利益诉求，确保国家安全。数据安全风险既是进入数字时代以来的传统问题，也是随着数据价值挖掘和数字技术应用不断变化的新挑战。如何有效控制数据安全风险已成为保障各国国家安全与经济社会有序发展的关键，数据安全的规范框架仍需根据相应实践不断更新完善③。

一　国家互联网信息办公室处罚滴滴案

（一）案情简述

2021 年 7 月 2 日，网络安全审查办公室在国家网信办官网发布

---

① FACT SHEET: President Biden Signs Executive Order to Implement the European Union-U. S. Data Privacy Framework, 2020 - 10, https://www.whitehouse.gov/briefing-room/statements-releases/2022/10/07/fact-sheet-president-biden-signs-executive-order-to-implement-the-european-union-u-s-data-privacy-framework, 2022 - 10 - 22.
② 马长山：《数智治理的法治悖论》，《东方法学》2022 年第 4 期。
③ 刘金瑞：《数据安全范式革新及其立法展开》，《环球法律评论》2021 年第 1 期。

公告，宣布将对滴滴出行启动网络安全审查，并要求为配合网络安全审查工作，防范风险扩大，审查期间"滴滴出行"停止新用户注册。根据网络安全审查结论及发现的问题和线索，国家互联网信息办公室依法对滴滴全球股份有限公司涉嫌违法行为进行立案调查。经查实，滴滴全球股份有限公司违反《网络安全法》《数据安全法》《个人信息保护法》的违法违规行为事实清楚、证据确凿、情节严重、性质恶劣。

2022年7月21日，国家互联网信息办公室依据《网络安全法》《数据安全法》《个人信息保护法》《行政处罚法》等法律法规，对滴滴全球股份有限公司处人民币80.26亿元罚款，对滴滴全球股份有限公司董事长兼CEO程某、总裁柳某各处人民币100万元罚款。

（二）裁判要旨

根据国家网信办的公告和有关负责人的答记者问介绍，滴滴公司遭处罚的原因，归纳起来主要是在违反个人信息处理规则、存在严重影响国家安全的数据处理活动两个方面。

在违反个人信息处理规则方面，滴滴公司违法处理个人信息、处理个人信息未履行法定义务的情节严重。第一，滴滴公司通过违法手段收集用户个人信息种类多，包括剪切板信息、相册中的截图信息、亲情关系信息，也包括人脸识别信息、精准位置信息、身份证号等多类敏感个人信息，既严重侵害用户个人信息权益，也严重侵犯用户隐私。第二，滴滴违法处理个人信息的数量惊人，多类个人信息数以千万甚至亿计。例如，过度收集乘客人脸识别信息1.07亿条、年龄段信息5350.92万条、职业信息1633.56万条、"家"和"公司"打车地址信息1.53亿条，在未明确告知乘客情况下分析乘客出行意图信息539.76亿条、常驻城市信息15.38亿条、异地商务/异地旅游信息3.04亿条。第三，滴滴违法涉及面广，涵盖多个 App 和多个个人信息处理环节，存在过度收集个人信息、强制收集敏感个人信息、App 频繁索权、未尽个人信息处理告知义务、未尽网络安全数据安全保护义务等多种情形。本次处罚首次激活实施了《个人信息保护法》的巨额罚款机制。根据《个人信息保护法》第六十六条第二款规定，对情节严重的个人信息违法行为，可以处违法行为主体五千万元以下或者上一年度营业额百分之五以下罚款。如果营业额百分之五的额度高于五千万元，可以适用营业额的相应标准。

此外，考虑到滴滴公司具备可以把数亿用户的个人敏感信息用于客户画像和商业分析，掌握公民群体行动轨迹、活动规律，以及全国地理道路数据的能力，若其中涉及重要军事设施，涉密军工单位、科研院所的地理信息或重要涉密人员的出行轨迹，一旦泄露或被境外敌对势力掌握，会给国家安全带来潜在的威胁，因此，国家互联网信息办公室是出于对其"数据信息交易中可能涉及国家安全信息的考量"采取的行政执法。[①] 与之前网络安全审查以及本次处罚相关的公告指出，滴滴公司未按照相关法律法规规定和监管部门要求，履行网络安全、数据安全、个人信息保护义务，置国家网络安全、数据安全于不顾，给国家网络安全、数据安全带来严重的风险隐患，且在监管部门责令改正情况下，仍未进行全面深入整改，滴滴接受的行政处罚与一般的行政处罚不同，具有特殊性。滴滴公司违法违规行为情节严重，结合网络安全审查情况，应当予以从严从重处罚。

（三）典型意义

《网络安全法》《数据安全法》《个人信息保护法》施行以来，我国网络安全法律体系已经基本建成，但法律的落实离不开有效的

---

① 郑佳宁：《数据信息财产法律属性探究》，《东方法学》2021 年第 5 期。

监管执法行动。此次国家互联网信息办公室依据《网络安全法》《数据安全法》《个人信息保护法》相关法律法规对滴滴公司做出行政处罚,显示出党和国家对网络安全工作的高度重视。国家网信部门以人民为中心,切实履行监管职能,依法惩治侵害司机和乘客个人信息的违法行为,切实维护国家网络安全、数据安全和社会公共利益。掌握海量数据和信息的互联网企业要切实担负起维护国家数据安全的相应责任,相关部门也应当坚持总体国家安全观,建立健全数据安全治理体系,提高数据安全保障能力。

本次行政处罚也是相关法律法规正式施行以后,国家网信部门首次做出与网络安全审查相关的行政处罚决定,首次激活实施了《个人信息保护法》的巨额罚款机制,并对企业高层人员处以相应罚款,通过同步追究违法企业和主要责任人员的法律责任,确保侵害网络安全领域的违法行为"处罚到人",大幅提高违法成本,及时纠正、遏制违法行为的发生,实现直接、高效、公正的执法效果[①]。相关企业应坚持安全与发展并重,进一步加强网络安全、数据安全建设,加强个人信息保护,切实履行社会责任,认识自身在个人信息保护工作中存在的不足,通过建立健全个人信息保护体系,切实担负起其作为个人处理者的个人信息保护职责,把安全贯穿数据治理全过程,守住安全底线。

二 爱尔兰数据保护机构处罚 Meta 案

(一)案情简述

2022 年 9 月 2 日,著名互联网公司 Meta 旗下的 Instagram 在处

---

① 参见章志远《作为行政处罚总则的〈行政处罚法〉》,《国家检察官学院学报》2020 年第 5 期。

理儿童数据方面行为不当，违反欧盟的《通用数据保护条例》（GDPR），爱尔兰数据保护委员会对 Meta 处以 4.05 亿欧元的罚款。① 该罚款是欧盟范围内首例与儿童数据保护相关的处罚决定，也是欧盟监管机构迄今为止依据《通用数据保护条例》作出的第二大罚款。这是欧洲监管机构打击互联网公司在网上收集和分享有关年轻人信息的一系列措施的最新举措。Instagram 用户的最低年龄是 13 岁。从 2020 年开始，爱尔兰数据保护委员会开始调查 Instagram，原因是 Instagram 允许年龄在 13 岁至 17 岁之间的青少年用户在其平台上拥有商业账户并可以公开自己的电子邮件地址和电话号码。同时，该平台运行的用户注册系统中，13—17 岁用户的账户默认设置为"公开"状态。爱尔兰数据保护委员会认为 Instagram 未履行相应保护义务，遂对 Meta 做出了上述处罚。Meta 表示其正计划对该罚款提起上诉，Meta 辩称 Instagram 早在一年多前就更新了设置，任何 18 岁以下的人在加入 Instagram 时，都会自动将自己的账户设置为隐私，只有他们认识的人才能看到他们发布的内容，成年人不能给未关注的青少年发私信，以保护青少年的安全和隐私，并指出在调查期间，它与监管机构进行了充分合作。

（二）裁判要旨

爱尔兰数据保护委员会此前对 Meta 拥有的公司进行了多项其他方面的调查，并已对这家美国科技巨头处以过三笔罚款。② 由于脸书、苹果、谷歌及其他科技巨头的欧盟总部皆设在爱尔兰，因此爱

---

① *Data Protection Commission announces decision in Instagram Inquiry*, 2022－09, Data Protection Commission（Ireland）, https：//www.dataprotection.ie/en/news-media/press-releases/data-protection-commission-announces-decision-instagram-inquiry, 2022－10－22.

② *Irish Data Protection Commissioner fines Meta €405m for violation of children's privacy laws on Instagram*, 2022－09, lexology, https：//www.lexology.com/library/detail.aspx？g=01b13a99－467d－4d2c－bb08－9aa76436b658, 2022－10－22.

尔兰数据保护委员会有权负责监督科技公司，并已经做出大量行政处罚案例。在本案中，由爱尔兰数据保护委员会对 Meta 的行为进行审查。根据《通用数据保护条例》第 51 条的规定，各成员国应设立一个或多个独立公共机构，负责监督《通用数据保护条例》的适用情况，以保护自然人与处理相关的基本权利和自由，促进个人数据在欧盟内自由流动。爱尔兰国家数据保护机构，即数据保护委员会，是指定的监管机构，负责监管欧洲总部位于爱尔兰的公司。由于 Meta 的欧洲总部位于爱尔兰都柏林，遂由爱尔兰数据保护委员会对 Meta 是否遵守《通用数据保护条例》第 5、第 6、第 12、第 13、第 24、第 25 和第 35 条规定的义务进行审查。

依据《通用数据保护条例》，控制者在对个人数据进行处理时，应遵循一定的原则，如数据处理应该合法、公平、透明，目的特定明确合法，数据最小化，准确和及时更新等。对数据主体的数据进行处理，也要合法化，如需征得数据主体的同意，而在合同订立前，数据主体有必要作为当事人履行合同或是在数据主体的要求下采取措施。数据主体行使权利，要求数据控制者应当采取措施，以简洁、透明、易懂及易获取的方式提供相关信息，使用的语言需要清晰易懂，而这种权利在数据主体是儿童的情况下，更需要强化。控制者在想要获取数据主体的个人数据信息时，也需履行相应的义务，如适当时提供个人数据处理目的及处理的法律依据，在取得个人数据之时需要向数据主体提供诸如存储时间等信息。为确保并有能力证明数据处理符合《通用数据保护条例》，考虑到处理数据的性质、范围、背景和目的，以及给自然人的权利和自由造成不同可能性、严重程度的风险，控制者应当采取适当的技术和组织措施并能做到在必要时进行修订和更新。在默认的情况下，控制者应采取适当的技术和组织措施以确保仅处理为实现特定目的所必需的个人数据。《通用数据保护条例》规定了控制者的数据保护影响评估义务。若某种数据处理运用了新技术，考虑到处理的性质、范围、背景和目的，可能对自然人的权利和自由带来高度风险，控制者应该在处理开始之前，出于保护个人数据的目的，对拟进行的处理操作进行个人数据保护的影响评估。

通过审查，爱尔兰数据保护委员会认为 Meta 公司未遵守《通用数据保护条例》的多项规定，如未能以公平和透明的方式处理数据；未能建立处理联系信息数据的法律依据；未能使用与数据处理目的相关的清晰明了的语言；缺乏关于处理目的的适当技术和组织措施；在处理可能导致数据主体（青少年用户）的权利和自由面临高风险的情况下，未能进行数据保护影响评估。

基于以上事实，爱尔兰数据保护委员会依据《通用数据保护条例》第 83 条的规定对 Meta 作出罚款的行政处罚。为了保证所作出的处罚有效、与行为相称和具有劝阻性，爱尔兰数据保护委员会考虑了 Instagram 侵权行为的性质、严重程度和持续时间，相关处理行为的性质、范围和目的以及受影响的数据主体的数量和所受损害的程度，侵权行为是否为故意或者过失导致，数据控制者或处理者为减轻数据主体所受损害而采取的任何行动，数据控制者或处理者的责任程度以及按照相关条款规定所实施的技术措施和组织措施，数据控制者或者处理者以前的相关违法行为，为补救违法行为并减少该行为可能造成的不利影响而与监管机构合作的程度，受违法行为影响的个人数据的类型，违法行为被监管机构查获的方式，数据控制者或者处理者对相关条款许可的认证机制的遵守情况以及适用于本案情形的其他加重或减轻因素。经综合考虑，爱尔兰数据保护委员会最终认为 Instagram 的侵权行为涉及属于青少年的敏感个人数据，且这些侵权行为增加了这些儿童权利和自由受到侵害的风险，因此，作为数据控制者和处理者的 Meta，它的侵权行为的性质和程度均属严重，只谴责已不能达到目的，遂对 Meta 作出了累计罚款 4.05 亿欧元的处罚。这一罚款规模反映了监管机构对加强保护数据主体权利保护的高度重视。

（三）典型意义

鉴于 Meta 公司准备对爱尔兰数据保护委员会的处罚决定提起上诉，超大型互联网公司与监管机构的博弈仍将继续，此案的最终结果尚未完全确定。但是，可以肯定的是，此案是对欧盟《通用数据保护条例》所规定的数据处理者义务和数据主体权利之间如何平衡的一次考验，会对作为数据控制者和处理者的互联网企业产生指示和引导作用，使其审视自身的青少年用户隐私政策。同时，考虑到《通用数据保护条例》巨大的国际影响力，此案的最终决定会对其他国家在处理涉及青少年用户隐私保护案件时具有启发作用和示范效应。

在互联网环境中，数据安全保障措施的完全落实存在困难，[1]尤其是对于青少年这类特殊数据主体而言更是如此。随着社会数字化程度的不断加深，个人数据的可利用数量、路径和商业化利益也在不断提高。面对越来越严峻的数据安全和隐私保护挑战，作为数据处理者理应持续推动数据处理的规范化，完善相关数据标准和有关规范。从此案来看，对于数据安全，企业需要特别关注三个方面的考量，第一，数据处理活动应有明确的法律依据，包括具有合法性基础与正当的处理目的，不能随意进行。第二，在不涉及商业秘密的情况，数据处理活动尽量公开透明，保证用户及监管部门的外部监督。第三，在数据处理让数据主体的合法权利面临高风险的情况下，应能进行数据保护影响评估，确定数据处理活动的安全风险可控，并及时告知数据主体。

---

[1] 尹西明、林镇阳、陈劲、林拥军：《数据要素价值化动态过程机制研究》，《科学学研究》2022 年第 2 期。

第六章

数据要素市场法治路径的优化与完善

要实现数据要素市场化配置、促进数据要素价值释放和推动数字经济高质量发展，必须从法治路径协同推进制度建设，以法治化思路确立数据要素市场运行的基本逻辑，以法治化思路厘定数据要素市场治理方案。在法治轨道上推进数据要素市场化配置是实现统筹发展和安全的必然选择，数据要素市场化配置的法治化正是为了解决当前数据要素市场体制机制不健全的问题。[①] 应当以法治思维重点关注数据产权、数据流转、数据垄断、数据开放、数据定价及数据安全保障等问题，贯彻维护国家数据安全、保护个人信息和商业秘密、促进数据高效流通使用、赋能实体经济等要求，实现数据基础制度建设的体系化。应进一步明确数据不必统一确权模式的导向，平衡数据安全与数据发展之间的关系，划清政府在数据监管领域的权力边界，发挥平台在数据治理方面的节点作用，积极通过对外开放促进数据要素规则体系完善，通过合规技术赋能数据要素市场化配置，从而推动形成多方主体参与、优势互补、融合发展的数据要素市场化配置法治方案。同时，也要明确的是，数据要素市场化进程涉及多个领域的问题，从法学角度探讨制度建构并进行相应的法治实践是题中应有之义，但不应期望由法律制度解决一切数据要素发展过程中可能面临的困难。

第一节　产权不必确权

本书第三章已对数据确权的难点进行了探讨，分析了暂时绕过数据确权并着眼于具体权益保障来发挥数据要素作用的思路。如在

[①] 陈兵、郭光坤：《数据分类分级制度的定位与定则——以〈数据安全法〉为中心的展开》，《中国特色社会主义研究》2022年第3期。

当下追求形成统一的确权模式，最终可能不利于在具体场景中发挥数据要素的作用，也可能阻碍数据的流通。① 从现有的理论研究和实践中不难看出，在数据确权问题上，目前还无法形成一套适用于所有场景的标准答案。一个明确的数据产权规则既非当下数字经济发展的必要基础，也非数据要素市场形成的必然前置条件，亦非从法学角度进行研究时必须首先回答的问题。

　　在进行与之相关的制度和理论探索时，需要时刻意识到，数据对不同主体有着不同意义，而对其进行的个案判断通常需要兼顾数据保护和促进数据使用，还需要兼顾社会公共利益甚至国家安全。② 对于个人而言，数据是基本权利的体现，保护个人数据应进一步明确个人数据主体权利的实现路径，平衡个人信息的权益保护与促进商业发展和创新，以保护个人基本权利的逻辑起点来增强中国在全球相关规则制定中的话语权；对企业而言，数据是发展所需的重要资产，应鼓励数据合理利用开发，尊重企业对数据加工而获得使用权，允许数据在经过一定技术处理后附条件的"自由流动"；对国家机关而言，数据是其正常运行和提供公共服务的基础要件，相关职能部门要履职尽责，结合实际抓好组织实施，建立首席数据官制度，统筹数字改革工作。推进数字政府建设、规范数字技术应用与促进行政流程改革，实现公共数据有序共享开放，以数字化改革助力政府职能转变，提升政府治理能力和公共服务水平。

　　当然，随着实践和理论研究的发展，日后可能从各场景化的数据权益保障规则中自下而上地归纳、提炼出一套行之有效的数据确权机制，届时也可以期待数据确权问题得到更直接、更有意义的解

---

① 参见胡凌《数据要素财产权的形成：从法律结构到市场结构》，《东方法学》2022年第2期。
② Duch-Brown, Néstor and Martens, Bertin and Mueller-Langer, Frank, The Economics of Ownership, Access and Trade in Digital Data, *JRC Digital Economy Working Paper*, 2017-01.

答，但这种解答应当先从经济学而非法学的视角作出。从理论基础上来看，将数据纳入经济学研究尚处于起步阶段，无论是数据要素的属性还是其价值创造规律抑或数据权属问题，都还没有充足的研究①；从数字技术基础上来看，基于隐私计算、区块链等解决数据授权访问、数据交易隐私保护的主要支撑技术尚未成熟，数据价值提取效率低下。②考虑到数据要素在未来数字经济中的重要地位，可能出现的研究结果将是划时代的、颠覆性的。适当超前进行制度部署和理论探索虽有必要，但在经济学理论未就数据产权问题形成突破的前提下，如果强行仅以法学理论为支撑制定跨学科的、"一站式"的法治解决方案，则难以适用于数据要素市场化配置的现实需求。

第二节 平衡发展安全

安全是发展的前提，发展是安全的保障。习近平总书记强调："坚持统筹发展和安全，坚持发展和安全并重，实现高质量发展和高水平安全的良性互动。""促进发展"与"保护安全"是一体两面，但在处理其关系时却不能粗略地一并视之。如果单从促进发展的角度考虑，则制度设计应当是鼓励"领头羊"的，一个部门、企业或行业的突破将能够带动整个产业链的向上发展；如果只考虑安全保障，则又如同"短板理论"所揭示的那样，数据产业链、数据流通链上的各个环节中，只要其中任一环节在安全保障方面不能满

---

① See Charles I. Jones, Christopher Tonetti, "Nonrivalry and the Economics of Data", *American Economic Review*, Vol. 110, No. 9, 2020.
② 尹西明、林镇阳、陈劲、林拥军：《数据要素价值化动态过程机制研究》，《科学学研究》2022年第2期。

足要求，风险最终就会传导到链上的每一处。所以，在建构制度的时候，应当激励与责任并行、促进与保护并重，仅侧重任一方都会不利于达成另一个目的。平衡发展与安全，具体到法治路径的优化思路上，就是要保证底线明确、风险可控、责任严格、包容审慎、放开上限。

底线明确与责任严格是完善数据安全制度应当坚持的主要原则：发挥政府有序引导和规范发展的作用，把安全贯穿数据供给、流通、使用全过程，划定监管底线和红线；严格责任、各负其责是市场秩序的基础，但强调严格限制各类主体在数据处理活动上的义务以及加重相应责任的严格化不应成为企业的枷锁，而是为了开展更加有序和有效的治理、促进产业健康发展。一方面，要明确各项法律法规规范的重点方向，明确立法立规的基本原则和规制导向，从而引领相关行业有序发展；另一方面，应当做好配套细则规则制定，确保相关制度建设的落地路径，提高法律法规的可执行性。数据安全制度的构建最终应当是规则可执行、违规可监管、成本及责任可预期的。

包容审慎原则对我国制度建构中的立法手段提出了要求。无论是数字产业化还是产业数字化，数字经济发展过程中技术应用和商业模式的变化都很快，刚性的法律规则难以及时应对这种节奏。针对发展、转型中尚未定型的商业模式，法律要重明确原则、轻设定规则。因此，推进数字经济立法，首先就要加强对可能涉及的法律原则的研究，通过不断细化"鼓励创新""利益平衡""多元治理"等法律原则的内容和适用机制，在确保法律灵活性的同时，提高法律引导、规范，保障数字经济发展的有效性。①

---

① 周汉华、周辉：《数字经济立法为什么重要？》，《财经》2019 年第 10 期。

在风险可控的前提下放开上限，则要求在保护的前提下根据具体情况允许乃至促进数据的有效利用，不断发掘和释放各类信息资源的价值潜力、激活海量数据要素的生产潜能。如本书第四章所述，在个人信息的处理情形中，当技术的进步与我国互联网产业商业模式的不断变革，致使个人信息处理所适用和衍生的场景日益丰富时，可以考虑在《个人信息保护法》第十三条第一款第二项至第七项的基础上，参考欧盟《通用数据保护条例》的有关规定，对数据利用的合法性基础进行进一步扩张①；更广泛的数据处理和流通过程则要在强化底线、明确部分情况下的严格责任的同时，鼓励企业内部的尽职调查，并推动建立尽职免责机制和责任调整机制，②从而激励数据处理者在采取必要措施和尽到充分安全保障合规义务之外，积极完善已有模式并探索数据要素的新应用场景。

总而言之，数据要素在安全前提下的有效合理利用是建设数字中国、网络强国与智能社会的题中应有之义，是制定数据要素相关规则必要性的体现，是立法回应网络信息技术发展的必然要求。只有不断平衡发展和安全两大目标，才能提高数据治理水平，促进数据要素市场的建立。

第三节　划清权力边界

无论是传统监管执法工作的数字化和智能化，还是对数据要素

---

① 如有观点认为，"学校、科研机构等基于公共利益为学术研究或者统计目的利用网络公开个人信息"等情形可不需取得授权同意。参见张建文《个人信息合理使用的立法创新与裁判立场》，《求是学刊》2021年第6期。

② 参见许荻迪《平台势力的生成、异化与事前事后二元融合治理》，《改革》2022年第3期。

市场进行规制及推进政府数据开放，这些工作都需要将法治原则作为根本原则进行贯彻。这不仅是依法治国的需要，也是权利切实得到保障、权益得到依法保护和市场主体积极性得到有效鼓励的前提。应当说，如果仍沿用传统的命令控制型监管，不设权力边界，就极易过度限制数字经济的发展活力和创造力，最终不能使社会和人民群众从数据要素及数字经济发展中获益，执法监管也将沦为无用功。因此，推动传统监管向新型的包容审慎监管转型、依法审慎行使权力，是数字时代的必然要求。[1]

第一，在监管理念上，要坚持"底线思维、弹性平衡"，在发展中不断规范，在守住安全底线的前提下，应当从制度上留足创新空间和监管弹性。通过市场或自律机制能够解决的，政府不再干预；通过经济、技术手段可以应对的，不再设定额外行政负担[2]；更适合灵活运用事前监管、事中监测和事后执法多种手段实施治理的，不再以"一刀切"监管和行政审批等形式限制市场准入与正常经营工作。

第二，在监管机制上，把握好体系思维，更好实现数据执法监管的上下协同、左右协调。针对"多头执法"的问题，政府机关在数据要素流通过程中实施的监管执法行为要与法律授权相一致。可以考虑适应数据管理高度专业化、专门化、精细化的需要，参考借鉴欧盟、我国香港特别行政区和澳门特别行政区以及其他制定了个人信息保护法的绝大部分国家或地区的成功经验，依托现有监管部门，研究建立集中统一的专门数据安全监管部门，在提高监管效能

---

[1] 参见刘权《数字经济视域下包容审慎监管的法治逻辑》，《社会科学文摘》2022年第10期。

[2] 周汉华、周辉：《数字经济立法为什么重要？》，《财经》2019年第10期。

的同时，降低行政执法和经营者合规成本。①

第三，在监管程序上，应健全执法管理程序，确保权力依法行使。有关主管部门在履行数据安全保护职责过程中，应当加强业务培训和队伍建设，不断健全权力约束和监督机制，严格保护相对人的商业秘密、知识产权、个人隐私和个人信息权益，防止和避免权力滥用。② 在设定和细化数据合规义务，依法处置、处罚违法行为的过程中，遵循比例原则，避免畸轻畸重，确保执法监管手段和数据安全保障目标和数据监管要求成比例、相适应。同时，要保障相关主体的救济权利，建立有效的异议沟通、申诉及复议机制，允许数据相关方依法主张自身权利。在部分场景下，国家机关作为个人信息处理者进行信息处理，要依法履行相应的义务，进一步加强内部制度机制建设，健全国家机关的权限和程序，成为数据处理合规标杆和典型示范。

第四，在执法裁量上，数据领域的行政执法裁量基准制定和管理还需要坚持法治统一、程序公正、公平合理和高效便民的总原则。要建立公平、公开的监管执法程序，避免滥用行政裁量权；尤其在具体实践案例中，应根据违法行为的事实、性质、情节以及社会危害程度细化量化行政处罚裁量权基准，防止过罚不相适应、重责轻罚、轻责重罚。为此，有关机关在制定相应的裁量权基准时，要考虑多方面因素，做到确属必要和适当，并符合社会公序良俗和公众合理期待。

第五，在规则制定与调整上，应当建立涉及数字经济监管部门

---

① 周辉：《加快数据法治建设 推进数据要素市场化改革》，《中国信息安全》2021年第1期。
② 周辉：《加快数据法治建设 推进数据要素市场化改革》，《中国信息安全》2021年第1期。

立法和地方立法的审慎监管评估制度。① 立法者不仅要在出台法规、规章和规范性文件之前进行谨慎的多方评估、反复论证，也要定期对已经出台实施的规章制度进行反思和重新审视。随着数字经济和信息技术的快速发展，已经实施的规定亦可能在新形势下造成不必要的障碍，或不再适于执行；对于这些情形，应当对相应的规章制度予以及时修改或废止。

第四节　突出平台重点

推进数据要素市场法治化的方案，离不开作为数据相关方的市场主体与社会公众，尤其是在网络生态中发挥重要作用的互联网平台的助力。可以说，在数字经济体系下，互联网平台企业正在逐步参与到国家、市场、社会治理中，承担着比以往更为重要的、多元化的角色。平台是过滤器、"守门人"以及私人监管者，其作为私主体，在互联网时代具有类似传统公主体才具有的公共权力②。这就要求发挥好互联网平台在数字经济发展、承担数字社会建设过程中的正外部性，控制好平台追求经济效益、忽略社会责任承担的负外部性，使平台企业合规意识显著提高、数字经济整体体量质量显著增强、平台用户的获得感和满意度等显著提升。③ 突出平台重点，实施数据要素治理，可以从以下三个方面入手。

---

① 周汉华、周辉：《数字经济立法为什么重要？》，《财经》2019 年第 10 期。
② 参见周辉、张心宇《互联网平台治理研究》，中国社会科学出版社 2022 年版，第 25 页。
③ 参见周辉《创新监管推动平台经济规范健康发展》，国家发展和改革委员会网站，2022 年 1 月，https://www.ndrc.gov.cn/xxgk/jd/jd/202201/t20220119_1312338.html？code=&state=123，2022 年 10 月 25 日。

第一，发挥好平台在经济、社会治理中的节点作用，①营造数据要素发挥价值的良好生态。一方面，应当鼓励平台依法开展数据处理技术和数据产品应用创新，依托平台实现数据价值的最大化；另一方面，也应当意识到"一些平台经济、数字经济野蛮生长、缺乏监管，带来了很多问题"，②重点关注平台的数据垄断、数据泄露、技术盗用等问题。发挥好平台节点作用，就是要立足于平台经济发展的整体性要求，进一步加强平台数据审查和监管制度建设状况调研，使平台企业在合乎国家治理框架下充分释放数据红利，满足人民群众对健康有序、舒适便捷的数字经济的可持续需求。

第二，应积极推动平台参与社会治理，打通平台与政府间沟通的桥梁和纽带，通过赋能平台自我管理与治理，建设以平台经济为核心的数字经济体系。平台经济和数字经济的健康规范发展不是仅依靠国家监管就能够实现的，还需要多主体的共同参与，正所谓"能力越大，责任越大"，平台在获得利益的同时要承担起相应的责任与义务，履行"守门人"职责，加强与监管部门之间的双向合作。③

作为数字经济的重要参与者和受益者，平台应当积极主动地完善自我治理，除了法律规定的义务，还可以在法律底线要求之上进行治理创新。互联网平台具备数据应用场景更丰富、数据资源利用更充分、数据要素价值潜力更巨大等优势，这些优势不仅体现在商业上，也体现在社会治理过程中；企业在充分发挥大数据的商业价值的同时，也应当探索发挥数据要素的社会治理价值，完善自身的

---

① 参见李良荣、辛艳艳《论互联网平台公司的双重属性》，《新闻大学》2021年第10期。
② 习近平：《坚持走中国特色社会主义法治道路，更好推进中国特色社会主义法治体系建设》，《求是》2022年第4期。
③ 参见周汉华《〈个人信息保护法〉"守门人条款"解析》，《法律科学》（西北政法大学学报）2022年第5期。

合规制度建设与实施，规范企业经营业务的合规健康与有序开展，实现协同共治的监管格局。

第三，可以考虑进一步以完善顶层立法为手段，对平台尤其是大型平台予以特殊的法律规制，制定一部有关平台分类分级监管的专门立法。随着平台规模的扩大和角色的变化，大型平台往往同时涉及多领域、多场景的业务，关涉数字经济发展、网络信息内容生态治理、数据安全和个人信息保护等多个方面，还在一定程度上承担了协助政府进行网络治理的责任。碎片化的规则体系和"头痛医头、脚痛医脚"的监管方式也逐渐带来了许多不便。不同部门在各自职权范围内依照不同的规章制度实施监管，难以形成统一、协调、有效的监管规则，对平台的治理仍需完善顶层设计。

这里所指的顶层设计，应当既包含加强监管、强化责任的一面，也需要有留出发展空间、鼓励平台充分发掘数据要素价值和进行业务创新的一面。制定平台治理的顶层规则应当在已有平台监管相关理论与实践成果的基础上进行，遵循激励相容的思路，通过法律规则在降低监管成本的同时调动平台积极守法的诱因，[①] 为未来探索互联网法律规范体系建设及数字经济体系作一定的基础。

宏观上，未来的立法中应当制定平台分类分级的统一原则，并形成基础的规则框架，以便后续针对业态的发展和不同的平台类别予以更加灵活的管理，增强监管的有效性和针对性。同时，平台所承担的公共责任亦应与其"私权力"大小相匹配，[②] 这意味着不应过度限制平台尤其是中小平台创新发展。也就是说，从监管部门的角度来看，应当通过平台立法推进其更有效率地依法行使政府权

[①] 参见周汉华《探索激励相容的个人数据治理之道——中国个人信息保护法的立法方向》，《社会科学文摘》2018年第4期。

[②] 参见刘权《网络平台的公共性及其实现——以电商平台的法律规制为视角》，《法学研究》2020年第2期。

力,更好地在网络空间履行其职责;而对企业来说,明确的、具体的、统一的平台规则也有利于其降低合规成本,并在履行社会责任方面获得一定的激励,这也有助于包括数据要素市场在内的整个数字经济体系的健康发展。

第五节　开放中谋发展

习近平总书记强调:"我们强调构建新发展格局,不是关起门来搞建设,而是要继续扩大开放。"对于数据这种流动性强、具备复用性的生产要素而言更是如此,应以开放的心态、开放的胸怀对待数据要素的发展利用,应积极促进数据在国际领域的流通利用;数字经济全球化和数据跨国流通也要求数据要素相关立法不能仅着眼于国内,还要根据国际规则进行适应、调整,提出属于中国的数据跨境方案。

制度衔接和国际合作不仅能为本土企业取得经济效益,还能促进本土规则的国际化和国际治理经验的转化吸收,欧盟在规则制定上体现出的"布鲁塞尔效应"就是一个典型例子。以欧盟《通用数据保护条例》为核心的欧盟数据制度近几年来极大地影响、改变甚至重塑了全球数据市场规则,跨国互联网巨头的数据处理和运营模式都在根据欧盟数据制度进行调整适用,这体现出重要市场先行立法的重要性。[1] 数字经济法律制度的设计确立不仅是为了在境内制定规则,保护本国权益,更是为了在当前的时代背景下,从开放包容的视角引领国际话语权和主导权,以及推动塑造符合本国立场的

---

[1] See Anu Bradford, *The Brussels Effect: How the European Union Rules the World*, Oxford: Oxford University Press, 2020, p.2.

国际价值观。① 对于中国而言，中国对数据跨境流动等规则的适应与调整情况，决定着其自身能否有效地在国际数字贸易规则博弈中占据有利地位。②

而在国际治理经验的转化吸收方面，中国虽然在制度、意识形态等方面不同于美国和欧洲国家，但同样可以借鉴这些国家和地区在数据要素市场培育、平台治理、技术促进等方面的相关经验，尤其是在如何努力扩大国内规则的适用范围和影响力、如何保护本土企业利益等方面，建设起具有中国特色、适合中国实际的数据跨境执法机制。③

在实践中，中国应遵循互联网全球治理法治化的路径，摒弃欧美国家以实力谋取霸权的思维模式，反对数据霸权与数据保护主义。在国际机制有关建立数据跨境规范机制的研究与讨论中，中国应增加参与度和影响力。"以先定的规范为标准和指引解决问题的；它区别于霸权之下的权力垄断，它是以多边民主透明的方法制定反映多数国家意愿和利益的规则。"④ 可以积极参与跨境数据执法规则的制定，包括参加国际平台关于跨境执法机制改革的研讨，在具体规则和理论的建构中，针对如何平衡数据流动和监管措施、如何平衡发达国家和发展中国家利益的关键的"两平衡"问题提出中国主张，扩大中国影响，积极主动参与全球跨境数据流动规则的制定。⑤

---

① Christopher Kuner, *Transborder Data Flows and Data Privacy Law*, Oxford: Oxford University Press, 2013, pp. 157–188.

② 何波：《中国参与数据跨境流动国际规则的挑战与因应》，《行政法学研究》2022 年第 4 期。

③ 参见吴玄《云计算下数据跨境执法：美国云法与中国方案》，《地方立法研究》2022 年第 3 期。

④ 吴玄：《云计算下数据跨境执法：美国云法与中国方案》，《地方立法研究》2022 年第 3 期。

⑤ 马光、毛启扬：《数字经济协定视角下中国数据跨境规则衔接研究》，《国际经济法学刊》2022 年第 4 期。

此外，还可以灵活运用国际网络治理中的"朋友圈"，与立场理念相近国家积极开展双边、多边谈判，率先建立数据主权下的跨境数据执法机制"示范区"，增强中国在此领域的话语权，树立与国际地位相一致的数据大国形象，并破除各国数据跨境的不当壁垒，积极参与国际层面的双边和多边数据跨境协定的谈判与合作，在推进高水平数字"一带一路"建设过程中，推动数据要素在网上丝绸之路更好流通、发挥更大价值；推动《全球数据安全倡议》向国际规则转化；推动在《区域全面经济伙伴关系协定》的基础上形成更具操作性的区域数据跨境流动合作框架，加快释放区域内数字经济红利。[①]

不过，需要补充说明的是，"百年未有之大变局"的事实已经证明，达成各国之间的理念共同体、规则共同体与利益共同体虽是目前应当关注的方向，但这种完全、充分的互联互通与数字经济规则衔接还只是一个理想状态。由于地缘政治、突发国际事件等各种因素的影响，事情的实际发展必不如理想的那样完美，因此在处理本土与域外的关系时，仍需要立法者进行审慎博弈。

第六节 技术赋能治理

"技术+法律"的数字法治模式正逐渐成为共识。[②] 立法者在设计要素市场化的法治方案时，必须考虑方案在技术上能够实现的可能性和成本，否则方案必将陷入无法执行或执行成本过高的困境。

[①] 周辉：《加快数据法治建设 推进数据要素市场化改革》，《中国信息安全》2021年第1期。

[②] 参见张吉豫《数字法理的基础概念与命题》，《法制与社会发展》2022年第5期。

并且，无论是数据要素的市场化还是法治化，都不能离开技术应用的支持；同样，如果技术的价值得不到规则层面的确认，技术的开发也会因缺乏合法性而失去发展根本动力。

因此，在制定规则的过程中，立法者应当为"确定技术的法律价值和社会价值"留出必要的空间，鼓励数据处理技术、数据安全技术和数据治理技术的创新及应用，这不仅能节省大量治理成本，还能建立起对风险的有效识别机制，并提供解决方案。[①] 在这一过程中，亦应调动各方力量、建立行业共识，通过法规和规章、行业标准、公约等建立技术研发、应用、价值确认及推广的规范体系，以推动行业的规范、健康发展。

第一，以技术促进监管手段的变革。2022年10月七国集团发布的《改善数字市场竞争的方法纲要》提出，考虑到推动数字市场发展的技术及其产生的大量数据的复杂程度，需要求助于技术专家团队和采用更加现代化的监管工具和手段，建立新的调查工具以进行取证。[②] 在《"十四五"市场监管现代化规划》等文件的指导下，可以要求数据监管和其他相关部门配备专业的执法力量，数据监管机构负责人和成员拥有履行数据监管职责所需要的资格、经验和技能，执法队伍的规模应当适应数据监管和执法的需要。[③] 同时还应制定监管技术清单，确认相应的技术作为监管手段的必要性和合法性并适时公布和更新，同时赋予企业配合监管技术部署与运行的义务。

[①] Douglas W. Arner, Jinos Barberis & Ross P. Buckley, "FinTech, RegTech, and the Reconceptualization of Financial Regulation", *Northwestern Journal of International Law & Business*, Vol. 37, No. 3, 2017.

[②] See *Compendium of approaches to improving competition in digital markets*, 2022 – 10, Bundeskartellamt, https://www.bundeskartellamt.de/SharedDocs/Publikation/EN/Others/G7_Compendium.pdf?__blob=publicationFile&v=4, 2022 – 10 – 22.

[③] 周辉：《加快数据法治建设 推进数据要素市场化改革》，《中国信息安全》2021年第1期。

第二,鼓励数据处理与数据安全技术的研发应用,培育第三方技术服务市场。发展第三定价核算服务为数据定价问题提供了一个可参考的解决方向。[①] 第三方数据安全评估认证服务则既有利于建立一个统一的评估标准,也便于不具备较高数据安全防护能力的中小企业补齐自己的短板。数据技术的开发除了有助于数据要素和数字经济的发展之外,还能促进其自身作为一个新兴的细分产业不断发展,美国的 OneTrust、Privita 等技术公司或服务平台在近几年的发展就是一个例子,可围绕数据要素合规高效、安全有序流通和交易需要,有序培育数据集成、数据经纪、合规认证、安全审计等第三方专业服务机构。作为制度上的配套措施,除了确认技术应用的法律意义与合规价值之外,也可以制度化地定期实施合规技术申报评估,形成并定期更新符合监管要求的合规技术与第三方服务清单,从而鼓励符合合规标准的技术的使用。此外监管机构在实施违法行为监测过程中使用的技术工具也可考虑在符合国家有关规定的前提下向平台企业开放使用,鼓励平台企业进行自评估、自检测。

总而言之,在发展现代化监管能力、推进监管技术研发迭代的同时,中国应当同时培育和创造自己的技术型企业,在实现数据要素产业扩容的同时参与到合规和治理中,作为社会主体发挥自己的作用,探索数据产业体系、数据合规体系、数据治理体系的成熟模式,发挥合规技术服务渗透率高和外部性强的特点,对数据经济产业起到相应的带动作用和辐射效应;也应当鼓励技术创新与技术应用,推动相应的数据产业科技、技术服务平台的发展,助力社会数字化转型进程,真正让数字经济在发展中规范,在规范中发展。

[①] 参见彭慧波、周亚建《数据定价机制现状及发展趋势》,《北京邮电大学学报》2019年第1期。

附录

一 法律、政策文件

目 录

法 律

中华人民共和国网络安全法

中华人民共和国电子商务法

中华人民共和国民法典

中华人民共和国数据安全法

中华人民共和国个人信息保护法

政策文件

中共中央国务院关于构建更加完善的要素市场化
  配置体制机制的意见

要素市场化配置综合改革试点总体方案

中华人民共和国网络安全法

(2016年11月7日第十二届全国人民代表大会
常务委员会第二十四次会议通过)

第三条 国家坚持网络安全与信息化发展并重，遵循积极利用、科学发展、依法管理、确保安全的方针，推进网络基础设施建设和互联互通，鼓励网络技术创新和应用，支持培养网络安全人才，建立健全网络安全保障体系，提高网络安全保护能力。

第十三条 国家支持研究开发有利于未成年人健康成长的网络产品和服务，依法惩治利用网络从事危害未成年人身心健康的活动，为未成年人提供安全、健康的网络环境。

第十八条 国家鼓励开发网络数据安全保护和利用技术，促进公共数据资源开放，推动技术创新和经济社会发展。

国家支持创新网络安全管理方式，运用网络新技术，提升网络安全保护水平。

第二十一条 国家实行网络安全等级保护制度。网络运营者应当按照网络安全等级保护制度的要求，履行下列安全保护义务，保障网络免受干扰、破坏或者未经授权的访问，防止网络数据泄露或者被窃取、篡改：

（一）制定内部安全管理制度和操作规程，确定网络安全负责人，落实网络安全保护责任；

（二）采取防范计算机病毒和网络攻击、网络侵入等危害网络安全行为的技术措施；

（三）采取监测、记录网络运行状态、网络安全事件的技术措施，并按照规定留存相关的网络日志不少于六个月；

（四）采取数据分类、重要数据备份和加密等措施；

（五）法律、行政法规规定的其他义务。

第二十二条 网络产品、服务应当符合相关国家标准的强制性要求。网络产品、服务的提供者不得设置恶意程序；发现其网络产品、服务存在安全缺陷、漏洞等风险时，应当立即采取补救措施，按照规定及时告知用户并向有关主管部门报告。

网络产品、服务的提供者应当为其产品、服务持续提供安全维护；在规定或者当事人约定的期限内，不得终止提供安全维护。

网络产品、服务具有收集用户信息功能的，其提供者应当向用户明示并取得同意；涉及用户个人信息的，还应当遵守本法和有关法律、行政法规关于个人信息保护的规定。

第二十四条 网络运营者为用户办理网络接入、域名注册服务，办理固定电话、移动电话等入网手续，或者为用户提供信息发布、即时通讯等服务，在与用户签订协议或者确认提供服务时，应当要求用户提供真实身份信息。用户不提供真实身份信息的，网络运营者不得为其提供相关服务。

国家实施网络可信身份战略，支持研究开发安全、方便的电子身份认证技术，推动不同电子身份认证之间的互认。

第二十八条 网络运营者应当为公安机关、国家安全机关依法维护国家安全和侦查犯罪的活动提供技术支持和协助。

第二十九条 国家支持网络运营者之间在网络安全信息收集、分析、通报和应急处置等方面进行合作，提高网络运营者的安全保障能力。

有关行业组织建立健全本行业的网络安全保护规范和协作机制，加强对网络安全风险的分析评估，定期向会员进行风险警示，支持、协助会员应对网络安全风险。

第三十条　网信部门和有关部门在履行网络安全保护职责中获取的信息，只能用于维护网络安全的需要，不得用于其他用途。

第三十四条　除本法第二十一条的规定外，关键信息基础设施的运营者还应当履行下列安全保护义务：

（一）设置专门安全管理机构和安全管理负责人，并对该负责人和关键岗位的人员进行安全背景审查；

（二）定期对从业人员进行网络安全教育、技术培训和技能考核；

（三）对重要系统和数据库进行容灾备份；

（四）制定网络安全事件应急预案，并定期进行演练；

（五）法律、行政法规规定的其他义务。

第三十五条　关键信息基础设施的运营者采购网络产品和服务，可能影响国家安全的，应当通过国家网信部门会同国务院有关部门组织的国家安全审查。

第三十七条　关键信息基础设施的运营者在中华人民共和国境内运营中收集和产生的个人信息和重要数据应当在境内存储。因业务需要，确需向境外提供的，应当按照国家网信部门会同国务院有关部门制定的办法进行安全评估；法律、行政法规另有规定的，依照其规定。

第四十条　网络运营者应当对其收集的用户信息严格保密，并建立健全用户信息保护制度。

第四十二条　网络运营者不得泄露、篡改、毁损其收集的个人信息；未经被收集者同意，不得向他人提供个人信息。但是，经过处理无法识别特定个人且不能复原的除外。

网络运营者应当采取技术措施和其他必要措施，确保其收集的个人信息安全，防止信息泄露、毁损、丢失。在发生或者可能发生个人信息泄露、毁损、丢失的情况时，应当立即采取补救措施，按照规定及时告知用户并向有关主管部门报告。

第四十三条 个人发现网络运营者违反法律、行政法规的规定或者双方的约定收集、使用其个人信息的，有权要求网络运营者删除其个人信息；发现网络运营者收集、存储的其个人信息有错误的，有权要求网络运营者予以更正。网络运营者应当采取措施予以删除或者更正。

第四十四条 任何个人和组织不得窃取或者以其他非法方式获取个人信息，不得非法出售或者非法向他人提供个人信息。

第四十五条 依法负有网络安全监督管理职责的部门及其工作人员，必须对在履行职责中知悉的个人信息、隐私和商业秘密严格保密，不得泄露、出售或者非法向他人提供。

第四十八条 任何个人和组织发送的电子信息、提供的应用软件，不得设置恶意程序，不得含有法律、行政法规禁止发布或者传输的信息。

电子信息发送服务提供者和应用软件下载服务提供者，应当履行安全管理义务，知道其用户有前款规定行为的，应当停止提供服务，采取消除等处置措施，保存有关记录，并向有关主管部门报告。

第七十六条 本法下列用语的含义：

（一）网络，是指由计算机或者其他信息终端及相关设备组成的按照一定的规则和程序对信息进行收集、存储、传输、交换、处理的系统。

（二）网络安全，是指通过采取必要措施，防范对网络的攻击、侵入、干扰、破坏和非法使用以及意外事故，使网络处于稳定可靠运行的状态，以及保障网络数据的完整性、保密性、可用性的能力。

（三）网络运营者，是指网络的所有者、管理者和网络服务提供者。

（四）网络数据，是指通过网络收集、存储、传输、处理和产生的各种电子数据。

（五）个人信息，是指以电子或者其他方式记录的能够单独或者与其他信息结合识别自然人个人身份的各种信息，包括但不限于自然人的姓名、出生日期、身份证件号码、个人生物识别信息、住址、电话号码等。

中华人民共和国电子商务法

（2018年8月31日第十三届全国人民代表大会常务委员会第五次会议通过）

第十七条　电子商务经营者应当全面、真实、准确、及时地披露商品或者服务信息，保障消费者的知情权和选择权。电子商务经营者不得以虚构交易、编造用户评价等方式进行虚假或者引人误解的商业宣传，欺骗、误导消费者。

第二十五条　有关主管部门依照法律、行政法规的规定要求电子商务经营者提供有关电子商务数据信息的，电子商务经营者应当提供。有关主管部门应当采取必要措施保护电子商务经营者提供的数据信息的安全，并对其中的个人信息、隐私和商业秘密严格保密，不得泄露、出售或者非法向他人提供。

第二十九条　电子商务平台经营者发现平台内的商品或者服务信息存在违反本法第十二条、第十三条规定情形的，应当依法采取必要的处置措施，并向有关主管部门报告。

第三十一条　电子商务平台经营者应当记录、保存平台上发布的商品和服务信息、交易信息，并确保信息的完整性、保密性、可用性。商品和服务信息、交易信息保存时间自交易完成之日起不少于三年；法律、行政法规另有规定的，依照其规定。

第六十九条　国家维护电子商务交易安全，保护电子商务用户信息，鼓励电子商务数据开发应用，保障电子商务数据依法有序自由流动。

国家采取措施推动建立公共数据共享机制,促进电子商务经营者依法利用公共数据。

中华人民共和国民法典

(2020年5月28日第十三届全国人民代表大会
第三次会议通过)

第一百二十七条 法律对数据、网络虚拟财产的保护有规定的，依照其规定。

第一千零三十五条 处理个人信息的，应当遵循合法、正当、必要原则，不得过度处理，并符合下列条件：

（一）征得该自然人或者其监护人同意，但是法律、行政法规另有规定的除外；

（二）公开处理信息的规则；

（三）明示处理信息的目的、方式和范围；

（四）不违反法律、行政法规的规定和双方的约定。

个人信息的处理包括个人信息的收集、存储、使用、加工、传输、提供、公开等。

中华人民共和国数据安全法

（2021年6月10日第十三届全国人民代表大会
常务委员会第二十九次会议通过）

第一条　为了规范数据处理活动，保障数据安全，促进数据开发利用，保护个人、组织的合法权益，维护国家主权、安全和发展利益，制定本法。

第二条　在中华人民共和国境内开展数据处理活动及其安全监管，适用本法。

在中华人民共和国境外开展数据处理活动，损害中华人民共和国国家安全、公共利益或者公民、组织合法权益的，依法追究法律责任。

第三条　本法所称数据，是指任何以电子或者其他方式对信息的记录。

数据处理，包括数据的收集、存储、使用、加工、传输、提供、公开等。

数据安全，是指通过采取必要措施，确保数据处于有效保护和合法利用的状态，以及具备保障持续安全状态的能力。

第四条　维护数据安全，应当坚持总体国家安全观，建立健全数据安全治理体系，提高数据安全保障能力。

第五条　中央国家安全领导机构负责国家数据安全工作的决策和议事协调，研究制定、指导实施国家数据安全战略和有关重大方针政策，统筹协调国家数据安全的重大事项和重要工作，建立国家数据安全工作协调机制。

第六条 各地区、各部门对本地区、本部门工作中收集和产生的数据及数据安全负责。

工业、电信、交通、金融、自然资源、卫生健康、教育、科技等主管部门承担本行业、本领域数据安全监管职责。

公安机关、国家安全机关等依照本法和有关法律、行政法规的规定，在各自职责范围内承担数据安全监管职责。

国家网信部门依照本法和有关法律、行政法规的规定，负责统筹协调网络数据安全和相关监管工作。

第七条 国家保护个人、组织与数据有关的权益，鼓励数据依法合理有效利用，保障数据依法有序自由流动，促进以数据为关键要素的数字经济发展。

第八条 开展数据处理活动，应当遵守法律、法规，尊重社会公德和伦理，遵守商业道德和职业道德，诚实守信，履行数据安全保护义务，承担社会责任，不得危害国家安全、公共利益，不得损害个人、组织的合法权益。

第九条 国家支持开展数据安全知识宣传普及，提高全社会的数据安全保护意识和水平，推动有关部门、行业组织、科研机构、企业、个人等共同参与数据安全保护工作，形成全社会共同维护数据安全和促进发展的良好环境。

第十条 相关行业组织按照章程，依法制定数据安全行为规范和团体标准，加强行业自律，指导会员加强数据安全保护，提高数据安全保护水平，促进行业健康发展。

第十一条 国家积极开展数据安全治理、数据开发利用等领域的国际交流与合作，参与数据安全相关国际规则和标准的制定，促进数据跨境安全、自由流动。

第十二条 任何个人、组织都有权对违反本法规定的行为向有关主管部门投诉、举报。收到投诉、举报的部门应当及时依法处理。

有关主管部门应当对投诉、举报人的相关信息予以保密，保护投诉、举报人的合法权益。

第二章 数据安全与发展

第十三条 国家统筹发展和安全，坚持以数据开发利用和产业发展促进数据安全，以数据安全保障数据开发利用和产业发展。

第十四条 国家实施大数据战略，推进数据基础设施建设，鼓励和支持数据在各行业、各领域的创新应用。

省级以上人民政府应当将数字经济发展纳入本级国民经济和社会发展规划，并根据需要制定数字经济发展规划。

第十五条 国家支持开发利用数据提升公共服务的智能化水平。提供智能化公共服务，应当充分考虑老年人、残疾人的需求，避免对老年人、残疾人的日常生活造成障碍。

第十六条 国家支持数据开发利用和数据安全技术研究，鼓励数据开发利用和数据安全等领域的技术推广和商业创新，培育、发展数据开发利用和数据安全产品、产业体系。

第十七条 国家推进数据开发利用技术和数据安全标准体系建设。国务院标准化行政主管部门和国务院有关部门根据各自的职责，组织制定并适时修订有关数据开发利用技术、产品和数据安全相关标准。国家支持企业、社会团体和教育、科研机构等参与标准制定。

第十八条 国家促进数据安全检测评估、认证等服务的发展，支持数据安全检测评估、认证等专业机构依法开展服务活动。

国家支持有关部门、行业组织、企业、教育和科研机构、有关专业机构等在数据安全风险评估、防范、处置等方面开展协作。

第十九条 国家建立健全数据交易管理制度，规范数据交易行为，培育数据交易市场。

第二十条 国家支持教育、科研机构和企业等开展数据开发利用技术和数据安全相关教育和培训，采取多种方式培养数据开发利用技术和数据安全专业人才，促进人才交流。

第三章　数据安全制度

第二十一条 国家建立数据分类分级保护制度，根据数据在经济社会发展中的重要程度，以及一旦遭到篡改、破坏、泄露或者非法获取、非法利用，对国家安全、公共利益或者个人、组织合法权益造成的危害程度，对数据实行分类分级保护。国家数据安全工作协调机制统筹协调有关部门制定重要数据目录，加强对重要数据的保护。

关系国家安全、国民经济命脉、重要民生、重大公共利益等数据属于国家核心数据，实行更加严格的管理制度。

各地区、各部门应当按照数据分类分级保护制度，确定本地区、本部门以及相关行业、领域的重要数据具体目录，对列入目录的数据进行重点保护。

第二十二条 国家建立集中统一、高效权威的数据安全风险评估、报告、信息共享、监测预警机制。国家数据安全工作协调机制统筹协调有关部门加强数据安全风险信息的获取、分析、研判、预警工作。

第二十三条 国家建立数据安全应急处置机制。发生数据安全事件，有关主管部门应当依法启动应急预案，采取相应的应急处置措施，防止危害扩大，消除安全隐患，并及时向社会发布与公众有关的警示信息。

第二十四条　国家建立数据安全审查制度，对影响或者可能影响国家安全的数据处理活动进行国家安全审查。

依法作出的安全审查决定为最终决定。

第二十五条　国家对与维护国家安全和利益、履行国际义务相关的属于管制物项的数据依法实施出口管制。

第二十六条　任何国家或者地区在与数据和数据开发利用技术等有关的投资、贸易等方面对中华人民共和国采取歧视性的禁止、限制或者其他类似措施的，中华人民共和国可以根据实际情况对该国家或者地区对等采取措施。

第四章　数据安全保护义务

第二十七条　开展数据处理活动应当依照法律、法规的规定，建立健全全流程数据安全管理制度，组织开展数据安全教育培训，采取相应的技术措施和其他必要措施，保障数据安全。利用互联网等信息网络开展数据处理活动，应当在网络安全等级保护制度的基础上，履行上述数据安全保护义务。

重要数据的处理者应当明确数据安全负责人和管理机构，落实数据安全保护责任。

第二十八条　开展数据处理活动以及研究开发数据新技术，应当有利于促进经济社会发展，增进人民福祉，符合社会公德和伦理。

第二十九条　开展数据处理活动应当加强风险监测，发现数据安全缺陷、漏洞等风险时，应当立即采取补救措施；发生数据安全事件时，应当立即采取处置措施，按照规定及时告知用户并向有关主管部门报告。

第三十条　重要数据的处理者应当按照规定对其数据处理活动定期开展风险评估，并向有关主管部门报送风险评估报告。

风险评估报告应当包括处理的重要数据的种类、数量，开展数据处理活动的情况，面临的数据安全风险及其应对措施等。

第三十一条 关键信息基础设施的运营者在中华人民共和国境内运营中收集和产生的重要数据的出境安全管理，适用《中华人民共和国网络安全法》的规定；其他数据处理者在中华人民共和国境内运营中收集和产生的重要数据的出境安全管理办法，由国家网信部门会同国务院有关部门制定。

第三十二条 任何组织、个人收集数据，应当采取合法、正当的方式，不得窃取或者以其他非法方式获取数据。

法律、行政法规对收集、使用数据的目的、范围有规定的，应当在法律、行政法规规定的目的和范围内收集、使用数据。

第三十三条 从事数据交易中介服务的机构提供服务，应当要求数据提供方说明数据来源，审核交易双方的身份，并留存审核、交易记录。

第三十四条 法律、行政法规规定提供数据处理相关服务应当取得行政许可的，服务提供者应当依法取得许可。

第三十五条 公安机关、国家安全机关因依法维护国家安全或者侦查犯罪的需要调取数据，应当按照国家有关规定，经过严格的批准手续，依法进行，有关组织、个人应当予以配合。

第三十六条 中华人民共和国主管机关根据有关法律和中华人民共和国缔结或者参加的国际条约、协定，或者按照平等互惠原则，处理外国司法或者执法机构关于提供数据的请求。非经中华人民共和国主管机关批准，境内的组织、个人不得向外国司法或者执法机构提供存储于中华人民共和国境内的数据。

第五章　政务数据安全与开放

第三十七条 国家大力推进电子政务建设，提高政务数据的科学性、准确性、时效性，提升运用数据服务经济社会发展的能力。

第三十八条 国家机关为履行法定职责的需要收集、使用数据，应当在其履行法定职责的范围内依照法律、行政法规规定的条件和程序进行；对在履行职责中知悉的个人隐私、个人信息、商业秘密、保密商务信息等数据应当依法予以保密，不得泄露或者非法向他人提供。

第三十九条 国家机关应当依照法律、行政法规的规定，建立健全数据安全管理制度，落实数据安全保护责任，保障政务数据安全。

第四十条 国家机关委托他人建设、维护电子政务系统，存储、加工政务数据，应当经过严格的批准程序，并应当监督受托方履行相应的数据安全保护义务。受托方应当依照法律、法规的规定和合同约定履行数据安全保护义务，不得擅自留存、使用、泄露或者向他人提供政务数据。

第四十一条 国家机关应当遵循公正、公平、便民的原则，按照规定及时、准确地公开政务数据。依法不予公开的除外。

第四十二条 国家制定政务数据开放目录，构建统一规范、互联互通、安全可控的政务数据开放平台，推动政务数据开放利用。

第四十三条 法律、法规授权的具有管理公共事务职能的组织为履行法定职责开展数据处理活动，适用本章规定。

第六章 法律责任

第四十四条 有关主管部门在履行数据安全监管职责中，发现数据处理活动存在较大安全风险的，可以按照规定的权限和程序对有关组织、个人进行约谈，并要求有关组织、个人采取措施进行整改，消除隐患。

第四十五条 开展数据处理活动的组织、个人不履行本法第二十七条、第二十九条、第三十条规定的数据安全保护义务的,由有关主管部门责令改正,给予警告,可以并处五万元以上五十万元以下罚款,对直接负责的主管人员和其他直接责任人员可以处一万元以上十万元以下罚款;拒不改正或者造成大量数据泄露等严重后果的,处五十万元以上二百万元以下罚款,并可以责令暂停相关业务、停业整顿、吊销相关业务许可证或者吊销营业执照,对直接负责的主管人员和其他直接责任人员处五万元以上二十万元以下罚款。

违反国家核心数据管理制度,危害国家主权、安全和发展利益的,由有关主管部门处二百万元以上一千万元以下罚款,并根据情况责令暂停相关业务、停业整顿、吊销相关业务许可证或者吊销营业执照;构成犯罪的,依法追究刑事责任。

第四十六条 违反本法第三十一条规定,向境外提供重要数据的,由有关主管部门责令改正,给予警告,可以并处十万元以上一百万元以下罚款,对直接负责的主管人员和其他直接责任人员可以处一万元以上十万元以下罚款;情节严重的,处一百万元以上一千万元以下罚款,并可以责令暂停相关业务、停业整顿、吊销相关业务许可证或者吊销营业执照,对直接负责的主管人员和其他直接责任人员处十万元以上一百万元以下罚款。

第四十七条 从事数据交易中介服务的机构未履行本法第三十三条规定的义务的,由有关主管部门责令改正,没收违法所得,处违法所得一倍以上十倍以下罚款,没有违法所得或者违法所得不足十万元的,处十万元以上一百万元以下罚款,并可以责令暂停相关业务、停业整顿、吊销相关业务许可证或者吊销营业执照;对直接负责的主管人员和其他直接责任人员处一万元以上十万元以下罚款。

第四十八条 违反本法第三十五条规定,拒不配合数据调取的,由有关主管部门责令改正，给予警告，并处五万元以上五十万元以下罚款，对直接负责的主管人员和其他直接责任人员处一万元以上十万元以下罚款。

违反本法第三十六条规定，未经主管机关批准向外国司法或者执法机构提供数据的，由有关主管部门给予警告，可以并处十万元以上一百万元以下罚款，对直接负责的主管人员和其他直接责任人员可以处一万元以上十万元以下罚款；造成严重后果的，处一百万元以上五百万元以下罚款，并可以责令暂停相关业务、停业整顿、吊销相关业务许可证或者吊销营业执照，对直接负责的主管人员和其他直接责任人员处五万元以上五十万元以下罚款。

第四十九条 国家机关不履行本法规定的数据安全保护义务的，对直接负责的主管人员和其他直接责任人员依法给予处分。

第五十条 履行数据安全监管职责的国家工作人员玩忽职守、滥用职权、徇私舞弊的，依法给予处分。

第五十一条 窃取或者以其他非法方式获取数据，开展数据处理活动排除、限制竞争，或者损害个人、组织合法权益的，依照有关法律、行政法规的规定处罚。

第五十二条 违反本法规定，给他人造成损害的，依法承担民事责任。

违反本法规定，构成违反治安管理行为的，依法给予治安管理处罚；构成犯罪的，依法追究刑事责任。

第七章 附则

第五十三条 开展涉及国家秘密的数据处理活动，适用《中华人民共和国保守国家秘密法》等法律、行政法规的规定。

在统计、档案工作中开展数据处理活动，开展涉及个人信息的数据处理活动，还应当遵守有关法律、行政法规的规定。

第五十四条 军事数据安全保护的办法，由中央军事委员会依据本法另行制定。

第五十五条 本法自2021年9月1日起施行。

中华人民共和国个人信息保护法

（2021年8月20日第十三届全国人民代表大会常务委员会第三十次会议通过）

第一条　为了保护个人信息权益，规范个人信息处理活动，促进个人信息合理利用，根据宪法，制定本法。

第四条　个人信息是以电子或者其他方式记录的与已识别或者可识别的自然人有关的各种信息，不包括匿名化处理后的信息。

个人信息的处理包括个人信息的收集、存储、使用、加工、传输、提供、公开、删除等。

第五条　处理个人信息应当遵循合法、正当、必要和诚信原则，不得通过误导、欺诈、胁迫等方式处理个人信息。

第八条　处理个人信息应当保证个人信息的质量，避免因个人信息不准确、不完整对个人权益造成不利影响。

第十条　任何组织、个人不得非法收集、使用、加工、传输他人个人信息，不得非法买卖、提供或者公开他人个人信息；不得从事危害国家安全、公共利益的个人信息处理活动。

第二十四条　个人信息处理者利用个人信息进行自动化决策，应当保证决策的透明度和结果公平、公正，不得对个人在交易价格等交易条件上实行不合理的差别待遇。

通过自动化决策方式向个人进行信息推送、商业营销，应当同时提供不针对其个人特征的选项，或者向个人提供便捷的拒绝方式。

通过自动化决策方式作出对个人权益有重大影响的决定，个人有权要求个人信息处理者予以说明，并有权拒绝个人信息处理者仅通过自动化决策的方式作出决定。

第二十六条　在公共场所安装图像采集、个人身份识别设备，应当为维护公共安全所必需，遵守国家有关规定，并设置显著的提示标识。所收集的个人图像、身份识别信息只能用于维护公共安全的目的，不得用于其他目的；取得个人单独同意的除外。

第三十六条　国家机关处理的个人信息应当在中华人民共和国境内存储；确需向境外提供的，应当进行安全评估。安全评估可以要求有关部门提供支持与协助。

第三十八条　个人信息处理者因业务等需要，确需向中华人民共和国境外提供个人信息的，应当具备下列条件之一：

（一）依照本法第四十条的规定通过国家网信部门组织的安全评估；

（二）按照国家网信部门的规定经专业机构进行个人信息保护认证；

（三）按照国家网信部门制定的标准合同与境外接收方订立合同，约定双方的权利和义务；

（四）法律、行政法规或者国家网信部门规定的其他条件。

中华人民共和国缔结或者参加的国际条约、协定对向中华人民共和国境外提供个人信息的条件等有规定的，可以按照其规定执行。

个人信息处理者应当采取必要措施，保障境外接收方处理个人信息的活动达到本法规定的个人信息保护标准。

第三十九条　个人信息处理者向中华人民共和国境外提供个人

信息的，应当向个人告知境外接收方的名称或者姓名、联系方式、处理目的、处理方式、个人信息的种类以及个人向境外接收方行使本法规定权利的方式和程序等事项，并取得个人的单独同意。

第四十条 关键信息基础设施运营者和处理个人信息达到国家网信部门规定数量的个人信息处理者，应当将在中华人民共和国境内收集和产生的个人信息存储在境内。确需向境外提供的，应当通过国家网信部门组织的安全评估；法律、行政法规和国家网信部门规定可以不进行安全评估的，从其规定。

第四十一条 中华人民共和国主管机关根据有关法律和中华人民共和国缔结或者参加的国际条约、协定，或者按照平等互惠原则，处理外国司法或者执法机构关于提供存储于境内个人信息的请求。非经中华人民共和国主管机关批准，个人信息处理者不得向外国司法或者执法机构提供存储于中华人民共和国境内的个人信息。

第四十二条 境外的组织、个人从事侵害中华人民共和国公民的个人信息权益，或者危害中华人民共和国国家安全、公共利益的个人信息处理活动的，国家网信部门可以将其列入限制或者禁止个人信息提供清单，予以公告，并采取限制或者禁止向其提供个人信息等措施。

第四十三条 任何国家或者地区在个人信息保护方面对中华人民共和国采取歧视性的禁止、限制或者其他类似措施的，中华人民共和国可以根据实际情况对该国家或者地区对等采取措施。

第四十五条 个人有权向个人信息处理者查阅、复制其个人信息；有本法第十八条第一款、第三十五条规定情形的除外。

个人请求查阅、复制其个人信息的，个人信息处理者应当及时提供。

个人请求将个人信息转移至其指定的个人信息处理者，符合国家网信部门规定条件的，个人信息处理者应当提供转移的途径。

第四十六条 个人发现其个人信息不准确或者不完整的，有权请求个人信息处理者更正、补充。

个人请求更正、补充其个人信息的，个人信息处理者应当对其个人信息予以核实，并及时更正、补充。

第四十七条 有下列情形之一的，个人信息处理者应当主动删除个人信息；个人信息处理者未删除的，个人有权请求删除：

（一）处理目的已实现、无法实现或者为实现处理目的不再必要；

（二）个人信息处理者停止提供产品或者服务，或者保存期限已届满；

（三）个人撤回同意；

（四）个人信息处理者违反法律、行政法规或者违反约定处理个人信息；

（五）法律、行政法规规定的其他情形。

法律、行政法规规定的保存期限未届满，或者删除个人信息从技术上难以实现的，个人信息处理者应当停止除存储和采取必要的安全保护措施之外的处理。

第五十一条 个人信息处理者应当根据个人信息的处理目的、处理方式、个人信息的种类以及对个人权益的影响、可能存在的安全风险等，采取下列措施确保个人信息处理活动符合法律、行政法规的规定，并防止未经授权的访问以及个人信息泄露、篡改、丢失：

（一）制定内部管理制度和操作规程；

（二）对个人信息实行分类管理；

（三）采取相应的加密、去标识化等安全技术措施；

（四）合理确定个人信息处理的操作权限，并定期对从业人员进行安全教育和培训；

（五）制定并组织实施个人信息安全事件应急预案；

（六）法律、行政法规规定的其他措施。

第五十二条 处理个人信息达到国家网信部门规定数量的个人信息处理者应当指定个人信息保护负责人，负责对个人信息处理活动以及采取的保护措施等进行监督。

个人信息处理者应当公开个人信息保护负责人的联系方式，并将个人信息保护负责人的姓名、联系方式等报送履行个人信息保护职责的部门。

第七十三条 本法下列用语的含义：

（一）个人信息处理者，是指在个人信息处理活动中自主决定处理目的、处理方式的组织、个人。

（二）自动化决策，是指通过计算机程序自动分析、评估个人的行为习惯、兴趣爱好或者经济、健康、信用状况等，并进行决策的活动。

（三）去标识化，是指个人信息经过处理，使其在不借助额外信息的情况下无法识别特定自然人的过程。

（四）匿名化，是指个人信息经过处理无法识别特定自然人且不能复原的过程。

中共中央 国务院关于构建更加完善的要素市场化配置体制机制的意见

（2020年3月30日）

完善要素市场化配置是建设统一开放、竞争有序市场体系的内在要求，是坚持和完善社会主义基本经济制度、加快完善社会主义市场经济体制的重要内容。为深化要素市场化配置改革，促进要素自主有序流动，提高要素配置效率，进一步激发全社会创造力和市场活力，推动经济发展质量变革、效率变革、动力变革，现就构建更加完善的要素市场化配置体制机制提出如下意见。

一、总体要求

（一）指导思想。以习近平新时代中国特色社会主义思想为指导，全面贯彻党的十九大和十九届二中、三中、四中全会精神，坚持稳中求进工作总基调，坚持以供给侧结构性改革为主线，坚持新发展理念，坚持深化市场化改革、扩大高水平开放，破除阻碍要素自由流动的体制机制障碍，扩大要素市场化配置范围，健全要素市场体系，推进要素市场制度建设，实现要素价格市场决定、流动自主有序、配置高效公平，为建设高标准市场体系、推动高质量发展、建设现代化经济体系打下坚实制度基础。

（二）基本原则。一是市场决定，有序流动。充分发挥市场配置资源的决定性作用，畅通要素流动渠道，保障不同市场主体平等获取生产要素，推动要素配置依据市场规则、市场价格、市场竞争实现效益最大化和效率最优化。二是健全制度,创新监管。更好发挥政府作用,健全要素市场运行机制,完善政府调节与监管,做到放活与管好有机结合,提升监管和服务能力,引导各类要素协同向先进生产力集聚。三是问题导向,分类施策。针对市场决定要素配置范围有限、要素流动存在体制机制障碍等问题,根据不同要素属性、市场化程度差异和经济社会发展需要,分类完善要素市场化配置体制机制。四是稳中求进,循序渐进。坚持安全可控,从实际出发,尊重客观规律,培育发展新型要素形态,逐步提高要素质量,因地制宜稳步推进要素市场化配置改革。

六、加快培育数据要素市场

(二十)推进政府数据开放共享。优化经济治理基础数据库,加快推动各地区各部门间数据共享交换,制定出台新一批数据共享责任清单。研究建立促进企业登记、交通运输、气象等公共数据开放和数据资源有效流动的制度规范。

(二十一)提升社会数据资源价值。培育数字经济新产业、新业态和新模式,支持构建农业、工业、交通、教育、安防、城市管理、公共资源交易等领域规范化数据开发利用的场景。发挥行业协会商会作用,推动人工智能、可穿戴设备、车联网、物联网等领域数据采集标准化。

(二十二)加强数据资源整合和安全保护。探索建立统一规范的数据管理制度,提高数据质量和规范性,丰富数据产品。研究根据数据性质完善产权性质。制定数据隐私保护制度和安全审查制度。推动完善适用于大数据环境下的数据分类分级安全保护制度,加强对政务数据、企业商业秘密和个人数据的保护。

七、加快要素价格市场化改革

(二十三)完善主要由市场决定要素价格机制。完善城乡基准地价、标定地价的制定与发布制度，逐步形成与市场价格挂钩动态调整机制。健全最低工资标准调整、工资集体协商和企业薪酬调查制度。深化国有企业工资决定机制改革，完善事业单位岗位绩效工资制度。建立公务员和企业相当人员工资水平调查比较制度，落实并完善工资正常调整机制。稳妥推进存贷款基准利率与市场利率并轨，提高债券市场定价效率，健全反映市场供求关系的国债收益率曲线，更好发挥国债收益率曲线定价基准作用。增强人民币汇率弹性，保持人民币汇率在合理均衡水平上的基本稳定。

（二十四）加强要素价格管理和监督。引导市场主体依法合理行使要素定价自主权，推动政府定价机制由制定具体价格水平向制定定价规则转变。构建要素价格公示和动态监测预警体系，逐步建立要素价格调查和信息发布制度。完善要素市场价格异常波动调节机制。加强要素领域价格反垄断工作，维护要素市场价格秩序。

（二十五）健全生产要素由市场评价贡献、按贡献决定报酬的机制。着重保护劳动所得，增加劳动者特别是一线劳动者劳动报酬，提高劳动报酬在初次分配中的比重。全面贯彻落实以增加知识价值为导向的收入分配政策，充分尊重科研、技术、管理人才，充分体现技术、知识、管理、数据等要素的价值。

八、健全要素市场运行机制

（二十六）健全要素市场化交易平台。拓展公共资源交易平台功能。健全科技成果交易平台，完善技术成果转化公开交易与监管体系。引导培育大数据交易市场，依法合规开展数据交易。支持各类所有制企业参与要素交易平台建设，规范要素交易平台治理，健全要素交易信息披露制度。

（二十七）完善要素交易规则和服务。研究制定土地、技术市场交易管理制度。建立健全数据产权交易和行业自律机制。推进全流程电子化交易。推进实物资产证券化。鼓励要素交易平台与各类金融机构、中介机构合作，形成涵盖产权界定、价格评估、流转交易、担保、保险等业务的综合服务体系。

（二十八）提升要素交易监管水平。打破地方保护，加强反垄断和反不正当竞争执法，规范交易行为，健全投诉举报查处机制，防止发生损害国家安全及公共利益的行为。加强信用体系建设，完善失信行为认定、失信联合惩戒、信用修复等机制。健全交易风险防范处置机制。

（二十九）增强要素应急配置能力。把要素的应急管理和配置作为国家应急管理体系建设的重要内容，适应应急物资生产调配和应急管理需要，建立对相关生产要素的紧急调拨、采购等制度，提高应急状态下的要素高效协同配置能力。鼓励运用大数据、人工智能、云计算等数字技术，在应急管理、疫情防控、资源调配、社会管理等方面更好发挥作用。

国务院办公厅关于印发要素市场化配置综合改革试点总体方案的通知

国办发〔2021〕51号

各省、自治区、直辖市人民政府，国务院各部委、各直属机构：

《要素市场化配置综合改革试点总体方案》已经国务院同意，现印发给你们，请认真组织实施。

国务院办公厅

2021年12月21日

要素市场化配置综合改革试点总体方案

为深入贯彻落实《中共中央 国务院关于构建更加完善的要素市场化配置体制机制的意见》，现就积极稳妥开展要素市场化配置综合改革试点工作制定本方案。

一、总体要求

（一）指导思想。以习近平新时代中国特色社会主义思想为指导，全面贯彻落实党的十九大和十九届历次全会精神，弘扬伟大建党精神，坚持稳中求进工作总基调，完整、准确、全面贯彻新发展理念，加快构建新发展格局，充分发挥市场在资源配置中的决定性作用，更好发挥政府作用，着力破除阻碍要素自主有序流动的体制机制障碍，全面提高要素协同配置效率，以综合改革试点为牵引，更好统筹发展和安全，为完善要素市场制度、建设高标准市场体系积极探索新路径，为推动经济社会高质量发展提供强劲动力。

（二）基本原则。

——顶层设计、基层探索。按照党中央、国务院统一部署，在维护全国统一大市场前提下，支持具备条件的地区结合实际大胆改革探索，尊重基层首创精神，注重总结经验，及时规范提升，为全国提供可复制可推广的路径模式。

——系统集成、协同高效。突出改革的系统性、整体性、协同性，推动各领域要素市场化配置改革举措相互配合、相互促进，提高不同要素资源的组合配置效率。

——问题导向、因地制宜。牢牢把握正确的改革方向，聚焦要素市场建设的重点领域、关键环节和市场主体反映最强烈的问题，鼓励地方结合自身特点开展差别化试点探索。

——稳中求进、守住底线。从实际出发，坚持以安全可控为前提，尊重客观规律，科学把握工作时序、节奏和步骤，做到放活与管好有机结合，切实防范风险，稳步有序推进试点。

（三）试点布局。围绕推动国家重大战略实施，根据不同改革任务优先考虑选择改革需求迫切、工作基础较好、发展潜力较大的城市群、都市圈或中心城市等，开展要素市场化配置综合改革试点，严控试点数量和试点范围。党中央、国务院授权实施以及有关方面组织实施的涉及要素市场化配置的改革探索任务，原则上优先在试点地区开展。试点期限为2021—2025年。

（四）工作目标。2021年，启动要素市场化配置综合改革试点工作。2022年上半年，完成试点地区布局、实施方案编制报批工作。到2023年，试点工作取得阶段性成效，力争在土地、劳动力、资本、技术等要素市场化配置关键环节上实现重要突破，在数据要素市场化配置基础制度建设探索上取得积极进展。到2025年，基本完成试点任务，要素市场化配置改革取得标志性成果，为完善全国要素市场制度作出重要示范。

二、进一步提高土地要素配置效率

（五）支持探索土地管理制度改革。合理划分土地管理事权，在严格保护耕地、节约集约用地的前提下，探索赋予试点地区更大土地配置自主权。允许符合条件的地区探索城乡建设用地增减挂钩节余指标跨省域调剂使用机制。探索建立补充耕地质量评价转换机制，在严格实行耕地占补平衡、确保占一补一的前提下，严格管控补充耕地国家统筹规模，严把补充耕地质量验收关，实现占优补优。支持开展全域土地综合整治，优化生产、生活、生态空间布局，加强耕地数量、质量、生态"三位一体"保护和建设。

（六）鼓励优化产业用地供应方式。鼓励采用长期租赁、先租后让、弹性年期供应等方式供应产业用地。优化工业用地出让年期，完善弹性出让年期制度。支持产业用地实行"标准地"出让，提高配置效率。支持不同产业用地类型合理转换，完善土地用途变更、整合、置换等政策。探索增加混合产业用地供给。支持建立工业企业产出效益评价机制，加强土地精细化管理和节约集约利用。

（七）推动以市场化方式盘活存量用地。鼓励试点地区探索通过建设用地节约集约利用状况详细评价等方式，细化完善城镇低效用地认定标准，鼓励通过依法协商收回、协议置换、费用奖惩等措施，推动城镇低效用地腾退出清。推进国有企事业单位存量用地盘活利用，鼓励市场主体通过建设用地整理等方式促进城镇低效用地再开发。规范和完善土地二级市场，完善建设用地使用权转让、出租、抵押制度，支持通过土地预告登记实现建设用地使用权转让。探索地上地下空间综合利用的创新举措。

（八）建立健全城乡统一的建设用地市场。在坚决守住土地公有制性质不改变、耕地红线不突破、农民利益不受损三条底线的前提下，支持试点地区结合新一轮农村宅基地制度改革试点，探索宅基地所有权、资格权、使用权分置实现形式。在依法自愿有偿的前提下，允许将存量集体建设用地依据规划改变用途入市交易。在企业上市合规性审核标准中，对集体经营性建设用地与国有建设用地给予同权对待。支持建立健全农村产权流转市场体系。

（九）推进合理有序用海。探索建立沿海、海域、流域协同一体的海洋生态环境综合治理体系。统筹陆海资源管理，支持完善海域和无居民海岛有偿使用制度，加强海岸线动态监测。在严格落实国土空间用途管制和海洋生态环境保护要求、严管严控围填海活动的前提下，探索推进海域一级市场开发和二级市场流转，探索海域使用权立体分层设权。

三、推动劳动力要素合理畅通有序流动

（十）进一步深化户籍制度改革。支持具备条件的试点地区在城市群或都市圈内开展户籍准入年限同城化累计互认、居住证互通互认，试行以经常居住地登记户口制度，实现基本公共服务常住地提供。支持建立以身份证为标识的人口管理服务制度，扩大身份证信息容量，丰富应用场景。建设人口发展监测分析系统，为重大政策制定、公共资源配置、城市运行管理等提供支撑。建立健全与地区常住人口规模相适应的财政转移支付、住房供应、教师医生编制等保障机制。

（十一）加快畅通劳动力和人才社会性流动渠道。指导用人单位坚持需求导向，采取符合实际的引才措施，在不以人才称号和学术头衔等人才"帽子"引才、不抢挖中西部和东北地区合同期内高层次人才的前提下，促进党政机关、国有企事业单位、社会团体管理人才合理有序流动。完善事业单位编制管理制度，统筹使用编制资源。支持事业单位通过特设岗位引进急需高层次专业化人才。支持探索灵活就业人员权益保障政策。探索建立职业资格证书、职业技能等级证书与学历证书有效衔接机制。加快发展人力资源服务业，把服务就业的规模和质量等作为衡量行业发展成效的首要标准。

（十二）激发人才创新创业活力。支持事业单位科研人员按照国家有关规定离岗创新创业。推进职称评审权下放，赋予具备条件的企事业单位和社会组织中高级职称评审权限。加强创新型、技能型人才培养，壮大高水平工程师和高技能人才队伍。加强技术转移专业人才队伍建设，探索建立健全对科技成果转化人才、知识产权管理运营人员等的评价与激励办法，完善技术转移转化类职称评价标准。

四、推动资本要素服务实体经济发展

（十三）增加有效金融服务供给。依托全国信用信息共享平台，加大公共信用信息共享整合力度。充分发挥征信平台和征信机构作用，建立公共信用信息同金融信息共享整合机制。推广"信易贷"模式，用好供应链票据平台、动产融资统一登记公示系统、应收账款融资服务平台，鼓励金融机构开发与中小微企业需求相匹配的信用产品。探索建立中小企业坏账快速核销制度。探索银行机构与外部股权投资机构深化合作，开发多样化的科技金融产品。支持在零售交易、生活缴费、政务服务等场景试点使用数字人民币。支持完善中小银行和农村信用社治理结构，增强金融普惠性。

（十四）发展多层次股权市场。创新新三板市场股债结合型产品，丰富中小企业投融资工具。选择运行安全规范、风险管理能力较强的区域性股权市场，开展制度和业务创新试点。探索加强区域性股权市场和全国性证券市场板块间合作衔接的机制。

（十五）完善地方金融监管和风险管理体制。支持具备条件的试点地区创新金融监管方式和工具，对各类地方金融组织实施标准化的准入设立审批、事中事后监管。按照属地原则压实省级人民政府的监管职责和风险处置责任。

五、大力促进技术要素向现实生产力转化

（十六）健全职务科技成果产权制度。支持开展赋予科研人员职务科技成果所有权或长期使用权试点，探索将试点经验推广到更多高校、科研院所和科技型企业。支持相关高校和科研院所探索创新职务科技成果转化管理方式。支持将职务科技成果通过许可方式授权中小微企业使用。完善技术要素交易与监管体系，推进科技成果进场交易。完善职务科技成果转移转化容错纠错机制。

（十七）完善科技创新资源配置方式。探索对重大战略项目、重点产业链和创新链实施创新资源协同配置，构建项目、平台、人才、资金等全要素一体化配置的创新服务体系。强化企业创新主体地位，改革科技项目征集、立项、管理和评价机制，支持行业领军企业牵头组建创新联合体，探索实施首席专家负责制。支持行业领军企业通过产品定制化研发等方式，为关键核心技术提供早期应用场景和适用环境。

（十八）推进技术和资本要素融合发展。支持金融机构设立专业化科技金融分支机构，加大对科研成果转化和创新创业人才的金融支持力度。完善创业投资监管体制和发展政策。支持优质科技型企业上市或挂牌融资。完善知识产权融资机制，扩大知识产权质押融资规模。鼓励保险公司积极开展科技保险业务，依法合规开发知识产权保险、产品研发责任保险等产品。

六、探索建立数据要素流通规则

（十九）完善公共数据开放共享机制。建立健全高效的公共数据共享协调机制，支持打造公共数据基础支撑平台，推进公共数据归集整合、有序流通和共享。探索完善公共数据共享、开放、运营服务、安全保障的管理体制。优先推进企业登记监管、卫生健康、交通运输、气象等高价值数据集向社会开放。探索开展政府数据授权运营。

（二十）建立健全数据流通交易规则。探索"原始数据不出域、数据可用不可见"的交易范式，在保护个人隐私和确保数据安全的前提下，分级分类、分步有序推动部分领域数据流通应用。探索建立数据用途和用量控制制度，实现数据使用"可控可计量"。规范培育数据交易市场主体，发展数据资产评估、登记结算、交易撮合、争议仲裁等市场运营体系，稳妥探索开展数据资产化服务。

（二十一）拓展规范化数据开发利用场景。发挥领军企业和行业组织作用，推动人工智能、区块链、车联网、物联网等领域数据采集标准化。深入推进人工智能社会实验，开展区块链创新应用试点。在金融、卫生健康、电力、物流等重点领域，探索以数据为核心的产品和服务创新，支持打造统一的技术标准和开放的创新生态，促进商业数据流通、跨区域数据互联、政企数据融合应用。

（二十二）加强数据安全保护。强化网络安全等级保护要求，推动完善数据分级分类安全保护制度，运用技术手段构建数据安全风险防控体系。探索完善个人信息授权使用制度。探索建立数据安全使用承诺制度，探索制定大数据分析和交易禁止清单，强化事中事后监管。探索数据跨境流动管控方式，完善重要数据出境安全管理制度。

七、加强资源环境市场制度建设

（二十三）支持完善资源市场化交易机制。支持试点地区完善电力市场化交易机制，提高电力中长期交易签约履约质量，开展电力现货交易试点，完善电力辅助服务市场。按照股权多元化原则，加快电力交易机构股份制改造，推动电力交易机构独立规范运行，实现电力交易组织与调度规范化。深化天然气市场化改革，逐步构建储气辅助服务市场机制。完善矿业权竞争出让制度，建立健全严格的勘查区块退出机制，探索储量交易。

（二十四）支持构建绿色要素交易机制。在明确生态保护红线、环境质量底线、资源利用上线等基础上，支持试点地区进一步健全碳排放权、排污权、用能权、用水权等交易机制，探索促进绿色要素交易与能源环境目标指标更好衔接。探索建立碳排放配额、用能权指标有偿取得机制，丰富交易品种和交易方式。探索开展资源环境权益融资。探索建立绿色核算体系、生态产品价值实现机制以及政府、企业和个人绿色责任账户。

八、健全要素市场治理

（二十五）完善要素市场化交易平台。持续推进公共资源交易平台整合共享，拓展公共资源交易平台功能，逐步覆盖适合以市场化方式配置的自然资源、资产股权等公共资源。规范发展大数据交易平台。支持企业参与要素交易平台建设，规范要素交易平台运行。支持要素交易平台与金融机构、中介机构合作，形成涵盖产权界定、价格评估、流转交易、担保、保险等业务的综合服务体系。

（二十六）加强要素交易市场监管。创新要素交易规则和服务，探索加强要素价格管理和监督的有效方式。健全要素交易信息披露制度。深化"放管服"改革，加强要素市场信用体系建设，打造市场化法治化国际化营商环境。强化反垄断和反不正当竞争执法，规范交易行为，将交易主体违法违规行为纳入信用记录管理，对严重失信行为实行追责和惩戒。开展要素市场交易大数据分析，建立健全要素交易风险分析、预警防范和分类处置机制。推进破产制度改革，建立健全自然人破产制度。

九、进一步发挥要素协同配置效应

（二十七）提高全球先进要素集聚能力。支持探索制定外国高端人才认定标准，为境外人才执业出入境、停居留等提供便利。支持符合条件的境内外投资者在试点地区依法依规设立证券、期货、基金、保险等金融机构。探索国际科技创新合作新模式，支持具备条件的试点地区围绕全球性议题在世界范围内吸引具有顶尖创新能力的科学家团队"揭榜挂帅"。支持行业领军企业牵头组建国际性产业与标准组织，积极参与国际规则制定。

（二十八）完善按要素分配机制。提高劳动报酬在初次分配中的比重，强化工资收入分配的技能价值激励导向。构建充分体现知识、技术、管理等创新要素价值的收益分配机制。创新宅基地收益取得和使用方式，探索让农民长期分享土地增值收益的有效途径。合理分配集体经营性建设用地入市增值收益，兼顾国家、农村集体经济组织和农村居民权益。探索增加居民财产性收入，鼓励和引导上市公司现金分红，完善投资者权益保护制度。

十、强化组织实施

（二十九）加强党的全面领导。坚持和加强党对要素市场化配置综合改革试点的领导，增强"四个意识"、坚定"四个自信"、做到"两个维护"，充分发挥党总揽全局、协调各方的领导核心作用，把党的领导始终贯穿试点工作推进全过程。

（三十）落实地方主体责任。各试点地区要把要素市场化配置综合改革试点摆在全局重要位置，增强使命感和责任感，强化组织领导，完善推进落实机制，在风险总体可控前提下，科学把握时序、节奏和步骤，积极稳妥推进改革试点任务实施。试点过程中要加强动态跟踪分析，开展试点效果评估，重要政策和重大改革举措按程序报批。

（三十一）建立组织协调机制。建立由国家发展改革委牵头、有关部门作为成员单位的推进要素市场化配置综合改革试点部际协调机制，负责统筹推进试点工作，确定试点地区，协调解决重大问题，加强督促检查。国家发展改革委要会同有关方面指导试点地区编制实施方案及授权事项清单，按程序报批后组织实施；在地方自评估基础上，定期开展第三方评估。对取得明显成效的试点地区，要予以表扬激励，及时总结推广经验；对动力不足、执行不力、成效不明显的试点地区，要限期整改，整改不到位的按程序调整退出试点。重要情况及时向党中央、国务院报告。

（三十二）强化试点法治保障。建立健全与要素市场化配置综合改革试点相配套的法律法规与政策调整机制，统筹涉及的法律法规事项，做好与相关法律法规立改废释的衔接。试点地区拟实行的各项改革举措和授权事项，凡涉及调整现行法律或行政法规的，经全国人大及其常委会或国务院依法授权后实施；其他涉及调整部门规章和规范性文件规定的，有关方面要按照本方案要求和经批准的授权事项清单，依法依规一次性对相关试点地区给予改革授权。

中共中央 国务院关于构建数据基础制度更好发挥数据要素作用的意见

(2022年12月2日)

数据作为新型生产要素，是数字化、网络化、智能化的基础，已快速融入生产、分配、流通、消费和社会服务管理等各环节，深刻改变着生产方式、生活方式和社会治理方式。数据基础制度建设事关国家发展和安全大局。为加快构建数据基础制度，充分发挥我国海量数据规模和丰富应用场景优势，激活数据要素潜能，做强做优做大数字经济，增强经济发展新动能，构筑国家竞争新优势，现提出如下意见。

一、总体要求

（一）指导思想。以习近平新时代中国特色社会主义思想为指导，深入贯彻党的二十大精神，完整、准确、全面贯彻新发展理念，加快构建新发展格局，坚持改革创新、系统谋划，以维护国家数据安全、保护个人信息和商业秘密为前提，以促进数据合规高效流通使用、赋能实体经济为主线，以数据产权、流通交易、收益分配、安全治理为重点，深入参与国际高标准数字规则制定，构建适应数据特征、符合数字经济发展规律、保障国家数据安全、彰显创新引领的数据基础制度，充分实现数据要素价值、促进全体人民共享数字经济发展红利，为深化创新驱动、推动高质量发展、推进国家治理体系和治理能力现代化提供有力支撑。

（二）工作原则

——遵循发展规律，创新制度安排。充分认识和把握数据产权、流通、交易、使用、分配、治理、安全等基本规律，探索有利于数据安全保护、有效利用、合规流通的产权制度和市场体系，完善数据要素市场体制机制，在实践中完善，在探索中发展，促进形成与数字生产力相适应的新型生产关系。

——坚持共享共用，释放价值红利。合理降低市场主体获取数据的门槛，增强数据要素共享性、普惠性，激励创新创业创造，强化反垄断和反不正当竞争，形成依法规范、共同参与、各取所需、共享红利的发展模式。

——强化优质供给，促进合规流通。顺应经济社会数字化转型发展趋势，推动数据要素供给调整优化，提高数据要素供给数量和质量。建立数据可信流通体系，增强数据的可用、可信、可流通、可追溯水平。实现数据流通全过程动态管理，在合规流通使用中激活数据价值。

——完善治理体系，保障安全发展。统筹发展和安全，贯彻总体国家安全观，强化数据安全保障体系建设，把安全贯穿数据供给、流通、使用全过程，划定监管底线和红线。加强数据分类分级管理，把该管的管住、该放的放开，积极有效防范和化解各种数据风险，形成政府监管与市场自律、法治与行业自治协同、国内与国际统筹的数据要素治理结构。

——深化开放合作，实现互利共赢。积极参与数据跨境流动国际规则制定，探索加入区域性国际数据跨境流动制度安排。推动数据跨境流动双边多边协商，推进建立互利互惠的规则等制度安排。鼓励探索数据跨境流动与合作的新途径新模式。

二、建立保障权益、合规使用的数据产权制度

探索建立数据产权制度,推动数据产权结构性分置和有序流通,结合数据要素特性强化高质量数据要素供给;在国家数据分类分级保护制度下,推进数据分类分级确权授权使用和市场化流通交易,健全数据要素权益保护制度,逐步形成具有中国特色的数据产权制度体系。

(三)探索数据产权结构性分置制度。建立公共数据、企业数据、个人数据的分类分级确权授权制度。根据数据来源和数据生成特征,分别界定数据生产、流通、使用过程中各参与方享有的合法权利,建立数据资源持有权、数据加工使用权、数据产品经营权等分置的产权运行机制,推进非公共数据按市场化方式"共同使用、共享收益"的新模式,为激活数据要素价值创造和价值实现提供基础性制度保障。研究数据产权登记新方式。在保障安全前提下,推动数据处理者依法依规对原始数据进行开发利用,支持数据处理者依法依规行使数据应用相关权利,促进数据使用价值复用与充分利用,促进数据使用权交换和市场化流通。审慎对待原始数据的流转交易行为。

(四)推进实施公共数据确权授权机制。对各级党政机关、企事业单位依法履职或提供公共服务过程中产生的公共数据,加强汇聚共享和开放开发,强化统筹授权使用和管理,推进互联互通,打破"数据孤岛"。鼓励公共数据在保护个人隐私和确保公共安全的前提下,按照"原始数据不出域、数据可用不可见"的要求,以模型、核验等产品和服务等形式向社会提供,对不承载个人信息和不影响公共安全的公共数据,推动按用途加大供给使用范围。推动用于公共治理、公益事业的公共数据有条件无偿使用,探索用于产业发展、行业发展的公共数据有条件有偿使用。依法依规予以保密的

公共数据不予开放，严格管控未依法依规公开的原始公共数据直接进入市场，保障公共数据供给使用的公共利益。

（五）推动建立企业数据确权授权机制。对各类市场主体在生产经营活动中采集加工的不涉及个人信息和公共利益的数据，市场主体享有依法依规持有、使用、获取收益的权益，保障其投入的劳动和其他要素贡献获得合理回报，加强数据要素供给激励。鼓励探索企业数据授权使用新模式，发挥国有企业带头作用，引导行业龙头企业、互联网平台企业发挥带动作用，促进与中小微企业双向公平授权，共同合理使用数据，赋能中小微企业数字化转型。支持第三方机构、中介服务组织加强数据采集和质量评估标准制定，推动数据产品标准化，发展数据分析、数据服务等产业。政府部门履职可依法依规获取相关企业和机构数据，但须约定并严格遵守使用限制要求。

（六）建立健全个人信息数据确权授权机制。对承载个人信息的数据，推动数据处理者按照个人授权范围依法依规采集、持有、托管和使用数据，规范对个人信息的处理活动，不得采取"一揽子授权"、强制同意等方式过度收集个人信息，促进个人信息合理利用。探索由受托者代表个人利益，监督市场主体对个人信息数据进行采集、加工、使用的机制。对涉及国家安全的特殊个人信息数据，可依法依规授权有关单位使用。加大个人信息保护力度，推动重点行业建立完善长效保护机制，强化企业主体责任，规范企业采集使用个人信息行为。创新技术手段，推动个人信息匿名化处理，保障使用个人信息数据时的信息安全和个人隐私。

（七）建立健全数据要素各参与方合法权益保护制度。充分保护数据来源者合法权益，推动基于知情同意或存在法定事由的数据流通使用模式，保障数据来源者享有获取或复制转移由其促成产生数据的权益。合理保护数据处理者对依法依规持有的数据进行自主管控的权益。在保护公共利益、数据安全、数据来源者合法权益的前提下，承认和保护依照法律规定或合同约定获取的数据加工使用权，尊重数据采集、加工等数据处理者的劳动和其他要素贡献，充分保障数据处理者使用数据和获得收益的权利。保护经加工、分析等形成数据或数据衍生产品的经营权，依法依规规范数据处理者许可他人使用数据或数据衍生产品的权利，促进数据要素流通复用。建立健全基于法律规定或合同约定流转数据相关财产性权益的机制。在数据处理者发生合并、分立、解散、被宣告破产时，推动相关权利和义务依法依规同步转移。

三、建立合规高效、场内外结合的数据要素流通和交易制度

完善和规范数据流通规则，构建促进使用和流通、场内场外相结合的交易制度体系，规范引导场外交易，培育壮大场内交易；有序发展数据跨境流通和交易，建立数据来源可确认、使用范围可界定、流通过程可追溯、安全风险可防范的数据可信流通体系。

（八）完善数据全流程合规与监管规则体系。建立数据流通准入标准规则，强化市场主体数据全流程合规治理，确保流通数据来源合法、隐私保护到位、流通和交易规范。结合数据流通范围、影响程度、潜在风险，区分使用场景和用途用量，建立数据分类分级授权使用规范，探索开展数据质量标准化体系建设，加快推进数据采集和接口标准化，促进数据整合互通和互操作。支持数据处理者依法依规在场内和场外采取开放、共享、交换、交易等方式流通数据。鼓励探索数据流通安全保障技术、标准、方案。支持探索多样化、符合数据要素特性的定价模式和价格形成机制，推动用于数字化发展的公共数据按政府指导定价有偿使用，企业与个人信息数据市场自主定价。加强企业数据合规体系建设和监管，严厉打击黑市交易，取缔数据流通非法产业。建立实施数据安全管理认证制度，引导企业通过认证提升数据安全管理水平。

（九）统筹构建规范高效的数据交易场所。加强数据交易场所体系设计，统筹优化数据交易场所的规划布局，严控交易场所数量。出台数据交易场所管理办法，建立健全数据交易规则，制定全国统一的数据交易、安全等标准体系，降低交易成本。引导多种类型的数据交易场所共同发展，突出国家级数据交易场所合规监管和基础服务功能，强化其公共属性和公益定位，推进数据交易场所与数据商功能分离，鼓励各类数据商进场交易。规范各地区各部门设立的区域性数据交易场所和行业性数据交易平台，构建多层次市场交易体系，推动区域性、行业性数据流通使用。促进区域性数据交易场所和行业性数据交易平台与国家级数据交易场所互联互通。构建集约高效的数据流通基础设施，为场内集中交易和场外分散交易提供低成本、高效率、可信赖的流通环境。

（十）培育数据要素流通和交易服务生态。围绕促进数据要素合规高效、安全有序流通和交易需要，培育一批数据商和第三方专业服务机构。通过数据商，为数据交易双方提供数据产品开发、发布、承销和数据资产的合规化、标准化、增值化服务，促进提高数据交易效率。在智能制造、节能降碳、绿色建造、新能源、智慧城市等重点领域，大力培育贴近业务需求的行业性、产业化数据商，鼓励多种所有制数据商共同发展、平等竞争。有序培育数据集成、数据经纪、合规认证、安全审计、数据公证、数据保险、数据托管、资产评估、争议仲裁、风险评估、人才培训等第三方专业服务机构，提升数据流通和交易全流程服务能力。

（十一）构建数据安全合规有序跨境流通机制。开展数据交互、业务互通、监管互认、服务共享等方面国际交流合作，推进跨境数字贸易基础设施建设，以《全球数据安全倡议》为基础，积极参与数据流动、数据安全、认证评估、数字货币等国际规则和数字技术标准制定。坚持开放发展，推动数据跨境双向有序流动，鼓励国内外企业及组织依法依规开展数据跨境流动业务合作，支持外资依法依规进入开放领域，推动形成公平竞争的国际化市场。针对跨境电商、跨境支付、供应链管理、服务外包等典型应用场景，探索安全规范的数据跨境流动方式。统筹数据开发利用和数据安全保护，探索建立跨境数据分类分级管理机制。对影响或者可能影响国家安全的数据处理、数据跨境传输、外资并购等活动依法依规进行国家安全审查。按照对等原则，对维护国家安全和利益、履行国际义务相关的属于管制物项的数据依法依规实施出口管制，保障数据用于合法用途，防范数据出境安全风险。探索构建多渠道、便利化的数据跨境流动监管机制，健全多部门协调配合的数据跨境流动监管体系。反对数据霸权和数据保护主义，有效应对数据领域"长臂管辖"。

四、建立体现效率、促进公平的数据要素收益分配制度

顺应数字产业化、产业数字化发展趋势，充分发挥市场在资源配置中的决定性作用，更好发挥政府作用。完善数据要素市场化配置机制，扩大数据要素市场化配置范围和按价值贡献参与分配渠道。完善数据要素收益的再分配调节机制，让全体人民更好共享数字经济发展成果。

（十二）健全数据要素由市场评价贡献、按贡献决定报酬机制。结合数据要素特征，优化分配结构，构建公平、高效、激励与规范相结合的数据价值分配机制。坚持"两个毫不动摇"，按照"谁投入、谁贡献、谁受益"原则，着重保护数据要素各参与方的投入产出收益，依法依规维护数据资源资产权益，探索个人、企业、公共数据分享价值收益的方式，建立健全更加合理的市场评价机制，促进劳动者贡献和劳动报酬相匹配。推动数据要素收益向数据价值和使用价值的创造者合理倾斜,确保在开发挖掘数据价值各环节的投入有相应回报,强化基于数据价值创造和价值实现的激励导向。通过分红、提成等多种收益共享方式,平衡兼顾数据内容采集、加工、流通、应用等不同环节相关主体之间的利益分配。

(十三)更好发挥政府在数据要素收益分配中的引导调节作用。逐步建立保障公平的数据要素收益分配体制机制,更加关注公共利益和相对弱势群体。加大政府引导调节力度,探索建立公共数据资源开放收益合理分享机制,允许并鼓励各类企业依法依规依托公共数据提供公益服务。推动大型数据企业积极承担社会责任,强化对弱势群体的保障帮扶,有力有效应对数字化转型过程中的各类风险挑战。不断健全数据要素市场体系和制度规则,防止和依法依规规制资本在数据领域无序扩张形成市场垄断等问题。统筹使用多渠道资金资源,开展数据知识普及和教育培训,提高社会整体数字素养,着力消除不同区域间、人群间数字鸿沟,增进社会公平、保障民生福祉、促进共同富裕。

五、建立安全可控、弹性包容的数据要素治理制度

把安全贯穿数据治理全过程,构建政府、企业、社会多方协同的治理模式,创新政府治理方式,明确各方主体责任和义务,完善行业自律机制,规范市场发展秩序,形成有效市场和有为政府相结合的数据要素治理格局。

(十四)创新政府数据治理机制。充分发挥政府有序引导和规范发展的作用,守住安全底线,明确监管红线,打造安全可信、包容创新、公平开放、监管有效的数据要素市场环境。强化分行业监管和跨行业协同监管,建立数据联管联治机制,建立健全鼓励创新、包容创新的容错纠错机制。建立数据要素生产流通使用全过程的合规公证、安全审查、算法审查、监测预警等制度，指导各方履行数据要素流通安全责任和义务。建立健全数据流通监管制度，制定数据流通和交易负面清单，明确不能交易或严格限制交易的数据项。强化反垄断和反不正当竞争，加强重点领域执法司法，依法依规加强经营者集中审查，依法依规查处垄断协议、滥用市场支配地位和违法实施经营者集中行为，营造公平竞争、规范有序的市场环境。在落实网络安全等级保护制度的基础上全面加强数据安全保护工作，健全网络和数据安全保护体系，提升纵深防护与综合防御能力。

（十五）压实企业的数据治理责任。坚持"宽进严管"原则，牢固树立企业的责任意识和自律意识。鼓励企业积极参与数据要素市场建设，围绕数据来源、数据产权、数据质量、数据使用等，推行面向数据商及第三方专业服务机构的数据流通交易声明和承诺制。严格落实相关法律规定，在数据采集汇聚、加工处理、流通交易、共享利用等各环节，推动企业依法依规承担相应责任。企业应严格遵守反垄断法等相关法律规定，不得利用数据、算法等优势和技术手段排除、限制竞争，实施不正当竞争。规范企业参与政府信息化建设中的政务数据安全管理，确保有规可循、有序发展、安全可控。建立健全数据要素登记及披露机制，增强企业社会责任，打破"数据垄断"，促进公平竞争。

（十六）充分发挥社会力量多方参与的协同治理作用。鼓励行业协会等社会力量积极参与数据要素市场建设，支持开展数据流通相关安全技术研发和服务，促进不同场景下数据要素安全可信流通。建立数据要素市场信用体系，逐步完善数据交易失信行为认定、守信激励、失信惩戒、信用修复、异议处理等机制。畅通举报投诉和争议仲裁渠道，维护数据要素市场良好秩序。加快推进数据管理能力成熟度国家标准及数据要素管理规范贯彻执行工作,推动各部门各行业完善元数据管理、数据脱敏、数据质量、价值评估等标准体系。

六、保障措施

加大统筹推进力度,强化任务落实,创新政策支持,鼓励有条件的地方和行业在制度建设、技术路径、发展模式等方面先行先试,鼓励企业创新内部数据合规管理体系,不断探索完善数据基础制度。

(十七)切实加强组织领导。加强党对构建数据基础制度工作的全面领导,在党中央集中统一领导下,充分发挥数字经济发展部际联席会议作用,加强整体工作统筹,促进跨地区跨部门跨层级协同联动,强化督促指导。各地区各部门要高度重视数据基础制度建设,统一思想认识,加大改革力度,结合各自实际,制定工作举措,细化任务分工,抓好推进落实。

(十八)加大政策支持力度。加快发展数据要素市场,做大做强数据要素型企业。提升金融服务水平,引导创业投资企业加大对数据要素型企业的投入力度,鼓励征信机构提供基于企业运营数据等多种数据要素的多样化征信服务,支持实体经济企业特别是中小微企业数字化转型赋能开展信用融资。探索数据资产入表新模式。

(十九)积极鼓励试验探索。坚持顶层设计与基层探索结合,支持浙江等地区和有条件的行业、企业先行先试,发挥好自由贸易港、自由贸易试验区等高水平开放平台作用,引导企业和科研机构推动数据要素相关技术和产业应用创新。采用"揭榜挂帅"方式,支持有条件的部门、行业加快突破数据可信流通、安全治理等关键技术,建立创新容错机制,探索完善数据要素产权、定价、流通、交易、使用、分配、治理、安全的政策标准和体制机制,更好发挥数据要素的积极作用。

（二十）稳步推进制度建设。围绕构建数据基础制度，逐步完善数据产权界定、数据流通和交易、数据要素收益分配、公共数据授权使用、数据交易场所建设、数据治理等主要领域关键环节的政策及标准。加强数据产权保护、数据要素市场制度建设、数据要素价格形成机制、数据要素收益分配、数据跨境传输、争议解决等理论研究和立法研究，推动完善相关法律制度。及时总结提炼可复制可推广的经验和做法，以点带面推动数据基础制度构建实现新突破。数字经济发展部际联席会议定期对数据基础制度建设情况进行评估，适时进行动态调整，推动数据基础制度不断丰富完善。

二 行政法规、部门规章、部门规范性文件

分类	名称	文号	时间
行政法规	关键信息基础设施安全保护条例	中华人民共和国国务院令第745号	2021年7月30日
部门规章	区块链信息服务管理规定	国家互联网信息办公室令第3号	2019年1月10日
	儿童个人信息网络保护规定	国家互联网信息办公室令第4号	2019年8月22日
	网络信息内容生态治理规定	国家互联网信息办公室令第5号	2019年12月15日
	涉密信息系统集成资质管理办法	国家保密局令2020年第1号	2020年12月10日
	汽车数据安全管理若干规定（试行）	国家互联网信息办公室、中华人民共和国国家发展和改革委员会、中华人民共和国工业和信息化部、中华人民共和国公安部、中华人民共和国交通运输部令第7号	2021年8月16日
	网络安全审查办法	国家互联网信息办公室令第8号	2021年12月28日
	互联网信息服务算法推荐管理规定	国家互联网信息办公室令第9号	2021年12月31日
	互联网用户账号信息管理规定	国家互联网信息办公室令第10号	2022年6月27日
	数据出境安全评估办法	国家互联网信息办公室令第11号	2022年7月7日

续表

分类	名称	文号	时间
部门规范性文件	教育部机关及直属事业单位教育数据管理办法	教发厅〔2018〕1号	2018年1月22日
	国家健康医疗大数据标准、安全和服务管理办法（试行）	国卫规划发〔2018〕23号	2018年7月12日
	云计算服务安全评估办法	国家互联网信息办公室、国家发展和改革委员会、工业和信息化部、财政部公告2019年第2号	2019年7月2日
	App违法违规收集使用个人信息行为认定方法	国信办秘字〔2019〕191号	2019年11月28日
	工业和信息化部关于工业大数据发展的指导意见	工信部信发〔2020〕67号	2020年4月28日
	中国银保监会监管数据安全管理办法（试行）	银保监发〔2020〕43号	2020年9月23日
	电信和互联网行业数据安全标准体系建设指南	工信厅科〔2020〕58号	2020年12月17日
	交通运输政务数据共享管理办法	交科技发〔2021〕33号	2021年4月6日
	国家医疗保障局关于加强网络安全和数据保护工作的指导意见	医保发〔2021〕23号	2021年4月6日
	全国一体化大数据中心协同创新体系算力枢纽实施方案	发改高技〔2021〕709号	2021年5月24日
	民用航空安全信息保护管理办法	民航规〔2021〕29号	2021年8月23日
	工业和信息化部关于加强车联网网络安全和数据安全工作的通知	工信部网安〔2021〕134号	2021年9月16日
	"十四五"大数据产业发展规划	工信部规〔2021〕179号	2021年11月15日
	中国银保监会办公厅关于银行业保险业数字化转型的指导意见	银保监办发〔2022〕2号	2022年1月10日

续表

分类	名称	文号	时间
部门规范性文件	车联网网络安全和数据安全标准体系建设指南	工信厅科〔2022〕5号	2022年2月25日
	关于进一步加强新能源汽车企业安全体系建设的指导意见	工信厅联通装〔2022〕10号	2022年3月29日
	数据安全管理认证实施规则	国家市场监督管理总局、国家互联网信息办公室公告2022年第18号	2022年6月5日
	医疗卫生机构网络安全管理办法	国卫规划发〔2022〕29号	2022年8月8日

三 地方法规

地区	名称	发布单位	时间
北京	北京市公共信用信息管理办法	北京市人民政府	2018年3月8日
天津	天津市促进大数据发展应用条例	天津市人民代表大会常务委员会	2018年12月14日
	上海市公共数据和一网通管理办法	上海市人民政府	2018年9月30日
上海	上海市公共数据开放暂行办法	上海市人民政府	2019年8月29日
	上海市数据条例	上海市人民代表大会	2021年11月25日
河北	河北省信息化条例（2021修订）	河北省人民代表大会常务委员会	2021年3月31日
	河北省数字经济促进条例	河北省人民代表大会常务委员会	2022年5月27日
山西	山西省政务数据资产管理试行办法	山西省人民政府	2019年11月28日
	山西省大数据发展应用促进条例	山西省人民代表大会常务委员会	2020年5月15日
	山西省政务数据管理与应用办法	山西省人民代表大会常务委员会	2020年11月27日
辽宁	辽宁省政务数据资源共享管理办法	辽宁省人民政府	2019年11月26日
	辽宁省大数据发展条例	辽宁省人民代表大会常务委员会	2022年5月31日
吉林	吉林省促进大数据发展应用条例	吉林省人民代表大会常务委员会	2020年11月27日
黑龙江	黑龙江省促进大数据发展应用条例	黑龙江省人民代表大会常务委员会	2022年5月13日

续表

地区	名称	发布单位	时间
江苏	南京市政务数据管理暂行办法	南京市人民政府	2019年8月7日
	无锡市公共数据管理办法	无锡市人民政府	2020年2月26日
	江苏省公共数据管理办法	江苏省人民政府	2021年12月18日
	江苏省数字经济促进条例	江苏省人民代表大会常务委员会	2022年5月31日
浙江	浙江省公共数据开放与安全管理暂行办法	浙江省人民政府	2020年6月12日
	宁波市公共数据安全管理暂行规定	宁波市人民政府	2020年9月25日
	浙江省数字经济促进条例	浙江省人民代表大会常务委员会	2020年12月24日
	浙江省电子商务条例	浙江省人民代表大会常务委员会	2021年9月30日
	浙江省公共数据条例	浙江省人民代表大会	2022年1月21日
安徽	安徽省政务数据资源管理办法	安徽省人民政府	2020年12月30日
	安徽省大数据发展条例	安徽省人民代表大会常务委员会	2021年3月29日
福建	福建省政务数据管理办法	福建省人民政府	2016年10月15日
	福建省电子政务建设和应用管理办法（2020修订）	福建省人民政府	2020年11月12日
	福建省大数据发展条例	福建省人民代表大会常务委员会	2021年12月15日
江西	江西省地理信息数据管理办法	江西省人民政府	2017年12月26日
	江西省公共数据管理办法	江西省人民政府	2022年1月12日
山东	山东省电子政务和政务数据管理办法	山东省人民政府	2019年12月25日
	济南市公共数据管理办法	济南市人民政府	2020年9月30日
	山东省大数据发展促进条例	山东省人民代表大会常务委员会	2021年9月30日
	山东省公共数据开放办法	山东省人民政府	2022年1月31日
河南	河南省数字经济促进条例	河南省人民代表大会常务委员会	2021年12月28日

续表

地区	名称	发布单位	时间
湖北	湖北省政务数据资源应用与管理办法	湖北省人民政府	2021年1月25日
	湖北省信息化条例（2021修正）	湖北省人民代表大会常务委员会	2021年7月30日
	武汉市公共数据资源管理办法	武汉市人民政府	2021年9月27日
湖南	湖南省政务信息资源共享管理办法	湖南省人民政府	2020年11月28日
	湖南省网络安全和信息化条例	湖南省人民代表大会常务委员会	2021年12月3日
广东	深圳经济特区数据条例	深圳市人民代表大会常务委员会	2021年7月6日
	广东省数字经济促进条例	广东省人民代表大会常务委员会	2021年7月30日
	广东省公共数据管理办法	广东省人民政府	2021年10月18日
	广州市数字经济促进条例	广州市人大常委会	2022年4月6日
	深圳经济特区数字经济产业促进条例	深圳市人民代表大会常务委员会	2022年9月5日
海南	海南省大数据开发应用条例	海南省人民代表大会常务委员会	2019年9月27日
重庆	重庆市政务数据资源管理暂行办法	重庆市人民政府	2019年7月31日
	重庆市数据条例	重庆市人民代表大会常务委员会	2022年3月30日
贵州	贵州省大数据安全保障条例	贵州省人民代表大会常务委员会	2019年8月1日
	贵州省政府数据共享开放条例	贵州省人民代表大会常务委员会	2020年9月25日
	贵阳市政府数据共享开放条例（2021修正）	贵阳市人民代表大会常务委员会	2021年6月7日
	贵阳市大数据安全管理条例（2021修正）	贵阳市人民代表大会常务委员会	2021年6月7日
陕西	西安市政务数据资源共享管理办法	西安市人民政府	2018年11月8日
	陕西省大数据条例	陕西省人民代表大会常务委员会	2022年9月29日
宁夏	宁夏回族自治区政务数据资源共享管理办法	宁夏回族自治区人民政府	2018年9月4日
新疆	新疆维吾尔自治区关键信息基础设施安全保护条例	新疆维吾尔自治区人民代表大会常务委员会	2022年3月25日

四　域外代表性法律

国家	名称	英文名称	发布主体	发布时间
美国	《隐私权法》	Privacy Act	美国国会	1974 年
	《计算机欺诈和滥用法》	Computer Fraud and Abuse Act	美国国会	1986 年
	《电子通讯隐私法》	Electronic Communications Privacy Act of 1986	美国国会	1986 年
	《健康保险携带和责任法》	Health Insurance portability and Accountability Act of 1996	美国国会	1996 年
	《电子政务法》	E-Government Act of 2002	美国国会	2002 年
	《在线隐私保护法》	Online Privacy Protection Act of 2003	加利福尼亚州	2003 年
	《伊利诺伊州生物识别信息隐私法》	Biometric Information Privacy Act	伊利诺伊州议会	2008 年
	《加利福尼亚州消费者隐私法》	California Consumer Privacy Act	美国加州议会	2020 年
加拿大	《隐私法》	Privacy Act	加拿大国会	1983 年
	《个人信息保护和电子文档法》	Personal Information Protection and Electronic Documents Act	加拿大国会	2000 年
	《信息访问法案》	Access to Information Act	加拿大国会	2021 年

续表

国家	名称	英文名称	发布主体	发布时间
欧盟	《通用数据保护条例》	General Data Protection Regulation	欧洲议会和欧盟理事会	2018年
	《非个人数据自由流动条例》	The Regulation on the Free Flow of Non-personal Data	欧洲议会和欧盟理事会	2018年
	《网络安全法》	EU Cybersecurity Act	欧洲议会和欧盟理事会	2019年
	《数据治理法》	Data Governance Act	欧洲议会和欧盟理事会	2022年
	《数字市场法》	Digital Markets Act	欧洲议会和欧盟理事会	2022年
	《数字服务法》	Digital Services Act	欧洲议会和欧盟理事会	2022年
	《关于向第三国转移个人数据的标准合同条款的决定》	Commission Implementing Decision (EU) on standard contractual clauses for the transfer of personal data to third countries pursuant	欧盟委员会	2021年
英国	《数据保护法案》	Data Protection Act 2018	英国议会	2018年
	《网络和信息系统安全法规》	The Network and Information Systems Regulations 2018	数字、文化、媒体和体育部	2018年
	《英国通用数据保护条例》	UK General Data Protection Regulation	英国议会	2018年
法国	《数字共和国法》	Digital Republic Law	法国议会	2016年
	《个人数据保护法》	Personal Data Protection Act	法国议会	2018年
	《数据保护法》	The French Data Protection Act	法国议会	2019年
德国	《联邦个人信息保护法》	Federal Data Protection Act	联邦司法部	1976年
	《联邦数据保护法》	Federal Data Protection Act	联邦议会	2020年

续表

国家	名称	英文名称	发布主体	发布时间
意大利	《数据保护法》	The Italian Data Protection Act	意大利国会	1996 年
	《个人数据保护法典》	Italian Personal Data Protection Code	意大利国会	2003 年
	《电子商务法》	E-Commerce Law	意大利国会	2003 年
俄罗斯	《信息、信息技术和信息保护法》	The Russian Federal Law on Information, Information Technologies and Protection of Information	俄罗斯联邦议会	2006 年
	《俄罗斯联邦个人数据法》	The Personal Data Law	俄罗斯联邦议会	2006 年
	《个人数据相关系统在处理个人数据过程中的防护要求》	The requirements to protection of personal data in the course of processing thereof in the personal data information systems	俄罗斯联邦政府	2012 年
南非	《个人信息保护法》	Protection of Personal Information Act	南非共和国议会	2020 年
巴西	《巴西良好数据法》	Positive Credit Act	巴西国会	2011 年
	《巴西信息获取法》	Access to Information Law	巴西国会	2012 年
	《通用数据保护法》	Brazilian General Data Protection Law	巴西国会	2018 年
澳大利亚	《隐私法》	Privacy Act	堪培拉议会委员办公室	1988 年
	《电信法》	Telecommunications Act	堪培拉议会委员办公室	1997 年
日本	《个人信息保护法》	The Act on the Protection of Personal Information	个人信息保护委员会	2003 年

续表

国家	名称	英文名称	发布主体	发布时间
韩国	《个人信息保护法施行令》	Enforcement Decree of the Personal Information Protection Act	个人信息保护委员会	2001 年
	《信用信息使用和保护法》	The Credit Information Use and Protection Act	韩国金融委员会	2009 年
	《信用信息使用和保护法实施令》	Enforcement Decree of the Credit Information Use and Protection Act	个人信息保护委员会	2009 年
	《位置信息保护和使用法》	The Location Information Act	韩国放送通信委员会	2010 年
	《个人信息保护法》	Personal Information Protection Act	个人信息保护委员会	2020 年
新加坡	《个人信息保护法》	Personal Information Protection Act	个人信息保护委员会	2020 年
	《个人数据保护法》	Personal Data Protection Act	新加坡国会	2012 年
	《2021 个人数据保护条例》	Personal Data Protection Regulations 2021	个人信息保护委员会	2021 年

五 美国国会关于《欧盟—美国数据隐私框架》的评估报告[*]

Eric N. Holmes[**]

2022 年 10 月 24 日

王 睿[***]译

2022 年 10 月 7 日，拜登总统签署并发布了《关于加强美国信号情报活动保障措施的行政命令》（以下简称《数据保护行政命令》或《行政命令》）。《数据保护行政命令》是美国为实施新的《欧盟—美国数据隐私框架》（以下简称《数据隐私框架》）而采取的最新行动，该框架是由美国和欧盟经过谈判，为取代先前的《欧盟—美国隐私保护框架》（《隐私盾协议》）而确立的。新的《数据隐私框架》和实施该框架的《行政命令》是促进跨大西洋数据流动，并使美国公司在遵守欧盟数据保护法的同时，仍受美国《外国情报监视法》约束的关键。本文对数据隐私框架变革的背景、美国实施该框架的步骤以及涉及国会利益的问题进行解释说明。

---

[*] *The EU-U. S. Data Privacy Framework: Background, Implementation, and Next Steps*, 2022 - 10, https://crsreports.congress.gov/product/pdf/LSB/LSB10846, 2022 - 10 - 25.

[**] Eric N. Holmes，美国国会研究服务部立法顾问。

[***] 王睿，中国社会科学院大学 2021 级硕士研究生。

一 背景

2018年，欧盟颁布了《通用数据保护条例》（GDPR），对其1995年《数据保护指令》（Data Protection Directive）进行更新，该指令规定了在欧盟境内处理个人数据应承担的义务。在GDPR的禁止性规定中，对个人数据何时可以传输到欧盟以外的国家进行限制。根据GDPR第45条，实体可以将欧盟的个人数据传输到欧盟委员会确定的对个人数据有"充分保护水平"的其他国家。欧盟委员会已经承认了14个不同的司法管辖区，具有满足GDPR第45条规定的"提供充分保护水平"。根据GDPR的规定，向没有提供充分保护水平的国家传输个人数据也可以是合法的：第46条和第49条分别规定了实体可以将欧盟的个人数据传输到未被认可为具有充分保护水平国家的情况。

美国试图与欧盟谈判，通过制定数据保护框架来达到GDPR第45条的标准。自2016年开始直到2020年欧盟法院（CJEU）宣布《隐私盾协议》无效，《隐私盾协议》一直为欧盟—美国的数据传输提供规范渠道。根据《隐私盾协议》，商业实体参与从欧盟向美国传输个人数据的，需承担若干数据保护义务，包括遵守七项数据保护原则，并每年向美国商务部自行证明已遵守这些原则。欧盟法院宣布《隐私盾协议》无效的决定，主要取决于美国根据2008年颁布的《外国情报监视法》（FISA）第702条以及里根总统1981年签署的《第12333号行政命令》对位于美国境外个人的监视程度。具体而言，欧盟法院裁定，美国根据第702条和《第12333号行政命令》进行的监视，并不限于"绝对必要"的情况，也没有"制定清晰和明确的规则"，"采取最低限度的保障措施"来保护个人数据。

欧盟法院还认为，被美国监视系统收集个人数据的欧盟公民，面对其个人数据被非法使用，缺乏适当的行政或司法补救措施。

经过近两年的谈判，美国（由商务部代表参加谈判）和欧盟委员会（欧盟行政部门，负责代表欧盟进行谈判）于2022年3月宣布了一项原则性协议，概述了一个新的《数据隐私框架》，该框架将取代《隐私盾协议》。白宫发布了一份概况说明，总结美国在该框架下的承诺，重点阐释政府在加强与监视活动有关的隐私保护方面的责任。该概况指出，《数据隐私框架》不会一并取代《隐私盾协议》赋予商业实体的义务。

二 《欧盟—美国数据隐私框架》的实施

名为"加强美国信号情报活动保障措施"的《数据保护行政命令》试图处理欧盟法院对"隐私盾"的批评：美国的监视行为缺乏充分的数据保障措施，也没有为个人数据被非法获取的非美国公民提供适当的法律补救措施。《数据保护行政命令》规定，所有参与信号情报活动的行政机构只有在追求12项明确规定的"合法目标"时，才有义务进行信号情报活动，并且只在推进这些目标的必要情况下开展信号情报活动。《数据保护行政命令》还列出了四项"禁止性目标"：遏制批评或异议；妨碍隐私利益；阻止获得法律咨询的权利，以及基于民族、种族、性别、性别认同、性取向或宗教而对个人造成不利。该《行政命令》还要求各机构限制"大规模"监视行为，并限制传播和保留通过监视行为获得的个人数据。《行政命令》规定了情报机构的监督职责，要求每个机构都有一名官员，负责评估对《行政命令》和其他适用的美国法律的遵守情况。这些要求可能是对欧盟法院关切问题的回应，欧盟法院担忧法律在授权美国进行监视行为时，没有"说明在什么情况下和什么条件下"可以收集个人数据，也没有提供保护个人数据的"最低限度保障措施"。

《数据保护行政命令》还建立了一个补救机制，允许个人对非法监视行为进行质疑。根据该《行政命令》，个人可以向国家情报总监办公室的公民自由保护官员（CLPO）提交申诉，该官员负责审查及在必要时对申诉采取补救措施。《行政命令》要求司法部长设立"数据保护审查法庭"，个人可以通过该法庭要求审查CLPO对其申诉的处理。如果数据保护审查法庭不同意CLPO的审查决定，可以自行下令采取补救措施。外国情报监视法庭是根据《外国情报监视法》第702条规定的对监视申请有管辖权的司法机构，数据保护审查法庭不同于外国情报监视法庭，数据保护审查法庭的法官不是联邦法官。《行政命令》要求数据保护审查法庭的法官由司法部长从"在数据隐私和国家安全法领域具有适当经验的法律从业者"中挑选，法官人选不是美国政府雇员，在法庭任职期间不承担其他政府职责。数据保护审查法庭法官的遴选标准可能是为了解决欧盟法院对《隐私盾协议》审查实体的担忧，即作为隐私盾协议监察员的国务院官员，没有完全独立于美国政府。在白宫宣布《行政命令》后不久，美国司法部下属的国家安全部门就发布了建立数据保护审查法庭的规定。

行政命令在依据宪法或法律赋予总统的权力时具有相应的法律效力。最高法院认为，总统承担监督外交权力行使的职责。此外，1947年的《国家安全法》为总统监督情报活动授予了广泛的权力。里根总统依据这种监督权力发布了《第12333号行政命令》。

三 后续措施

欧盟法院认定《隐私盾协议》无效，使得欧盟向美国传输数据的行为在 GDPR 范围下违法，除非此类数据传输是基于 GDPR 第 46 条或第 49 条的规定。《行政命令》和美国司法部关于设立数据保护审查法庭的规定，是实施新的《数据隐私框架》的必要步骤，但在商业实体可以依赖该框架之前还有几个步骤有待实施。一个悬而未决的问题是，商业实体将承担哪些明确的义务。如上所述，由于欧盟法院认定《隐私盾协议》无效的决定基于美国情报行动有关的保障措施不足而作出，并非商业实体未履行义务，因此，《隐私盾协议》中规定的义务可能仍然对商业参与者有效：白宫和美国商务部都表明这一点。

在欧盟方面，欧盟委员会必须确定新的框架提供了充分保护水平。欧盟委员会公布的一份问答更详细地阐述了确立新框架过程的具体步骤，指出欧盟委员会只有在与其他几个欧盟机构审查和批准该框架后，才会通过最终的充分性认定。

如果欧盟委员会确定新框架提供了充分保护水平，符合欧洲数据保护法规定，其认定可能会在欧盟法院面临法律挑战。奥地利隐私活动家马克西米利安·施雷姆斯（Maximillian Schrems）通过组织发表了一份初步声明，称《行政命令》"不太可能满足欧盟法律的要求"。施雷姆斯（Schrems）曾提出质疑，导致欧盟法院宣布《隐私盾协议》无效（他还在欧盟法院成功挑战了《隐私盾协议》的前身）。根据欧盟委员会的问答，委员会认为《行政命令》的保障措施和补救机制一定程度上消除了欧盟法院的顾虑。

四 国会的考量

《行政命令》和实施新《数据隐私框架》存在触及国会潜在利益的可能。其中一个问题可能是，鉴于跨大西洋数据流动对美欧贸易和经济关系的重要性，国会是否希望采取行动授权美国参与该框架。总统可以撤销行政命令，未来任何可能的对《数据保护行政命令》的撤销，都可能使欧盟民众失去行政命令提供的数据保障和追索机制。由于欧盟法院宣布《隐私盾协议》无效的决定是基于缺乏充分的保障措施和法律追索权作出的，撤销《行政命令》可能会威胁到新《数据隐私框架》的可行性。国会可以尝试通过立法提供数据保障措施。

另一个独立但相关的问题是，欧盟法院可能会裁定《行政命令》中规定的保障措施不足以缓解其对美国监视行为的担忧。如果欧盟法院认定美国根据《外国情报监视法》第702条授权的监视活动不满足欧盟数据保护法的要求，即使《行政命令》规定的保障措施到位，为确保欧盟—美国数据流动的合法性，《外国情报监视法》可能仍需要被修改。《外国情报监视法》第702条将于2023年底失效。正如本法律边栏所讨论的，国会议员已利用过去的《外国情报监视法》重新授权，提议对法律进行更广泛的改革。